Leuchten!

Ralf Meister (Hrsg.)

Leuchten!

Sieben Wochen ohne Verzagtheit

DER BEGLEITER DURCH DIE FASTENZEIT

edition chrismon

Bibliografische Information der Deutschen Nationalbibliothek: Die Deutsche Nationalbibliothek verzeichnet diese Publikation in der Deutschen Nationalbibliografie; detaillierte bibliografische Daten sind im Internet über http://dnb.d-nb.de abrufbar.

Printed in Germany

Das Buch wurde auf alterungsbeständigem Papier gedruckt.

Fotos: Cover: Getty Images/Westend61
Woche 1: Maria Irl, 2: Kristin Bethge,
3: Charlotte Sattler, 4: Lukas Zander,
5: Mafalda Rakos, 6: Frederike Wetzels,
7: Emanuel Herm
Cover: Ellina Hartlaub, Frankfurt
Satz: Formenorm, Friederike Arndt, Leipzig
Druck und Bindung: BELTZ Grafische Betriebe GmbH, Bad Langensalza

ISBN 978-3-96038-318-5
eISBN (PDF) 978-3-96038-319-2
eISBN (E-Pub) 978-3-96038-320-8
www.eva-leipzig.de

Inhalt

Vorwort

Ralf Meister

Es waren persönliche Mutproben. Der Heimweg als Junge durch den dunklen Wald. Ich erinnere mich an mondlose Nächte unter dichten Bäumen auf meinen Wegen nach Haus. Mein Elternhaus war umringt von Kiefern- und Buchenwäldern. Gewiss, es gab auch einen beleuchtenden Weg, der bis auf wenige hundert Meter heranführte zur heimatlichen Haustür. Der war für die ängstlichen Tage der sichere Ausweg. Aber es gab auch dunkle Pfade und Strecken, die aus verschiedenen Richtungen durch die Waldschlucht zu den erleuchteten Fenstern führten. Manchmal wollte ich mich testen und wählte sie. Im Schwarzgrau der Stämme und Äste über Wurzelschlangen ging es zwischen Mut und Schrecken heimwärts. Und dann tauchten die ersten Lichter auf. Wohnzimmerfenster, Küche. Ziel erreicht.

Die Dunkelheiten unserer Zeit haben wir nicht gewählt. Sie sind kein Selbstversuch, der sich abbrechen lässt. Wir tasten uns voran, manchmal ohne zu wissen, ob wir noch auf dem Weg sind und wohin er führt. Aber es gibt lichte Zeichen am Horizont. Mutige Erzählungen, die uns leiten. Und Stimmen, die wir hören. „Mami, sag was“, ruft das Kind am Abend aus dem finsteren Zimmer in den Flur hinein. „Warum soll ich was sagen? Du sollst schlafen“, antwortet die Mutter. „Ja, aber wenn du redest, wird es hell.“

Worte können leuchten. In dunklen Zeiten wie diesen braucht es Licht. Manche stellen uns ihre Stimme in diesem Buch zur Verfügung. Die Fastenzeit lässt auf Worte hören, die Dunkles erhellen und Orientierung geben.

Vielleicht sind die sieben Wochen der Fastenzeit eine neue Erfahrung. Es geht um Erinnerungen, die tröstend hervortreten. Worte, die neu gehört werden. Lichter, die uns durch Nacht und Tag leiten. Und es geht um unsere eigene Stimme. Wie klingt unser Ruf? Welche Geschichten haben wir zu erzählen? Welches Licht werden wir anderen schenken? Und selbst, wenn es schwach ist, mag es in manchen Augenblicken das entscheidende Licht sein, welches uns und andere zum Ziel führt. „Sag was! Wenn du redest, wird es hell.“

Ich wünsche Ihnen Gewinn bei der Lektüre und segensreiche Erfahrungen in dieser Fastenzeit!

Ihr

Ralf Meister

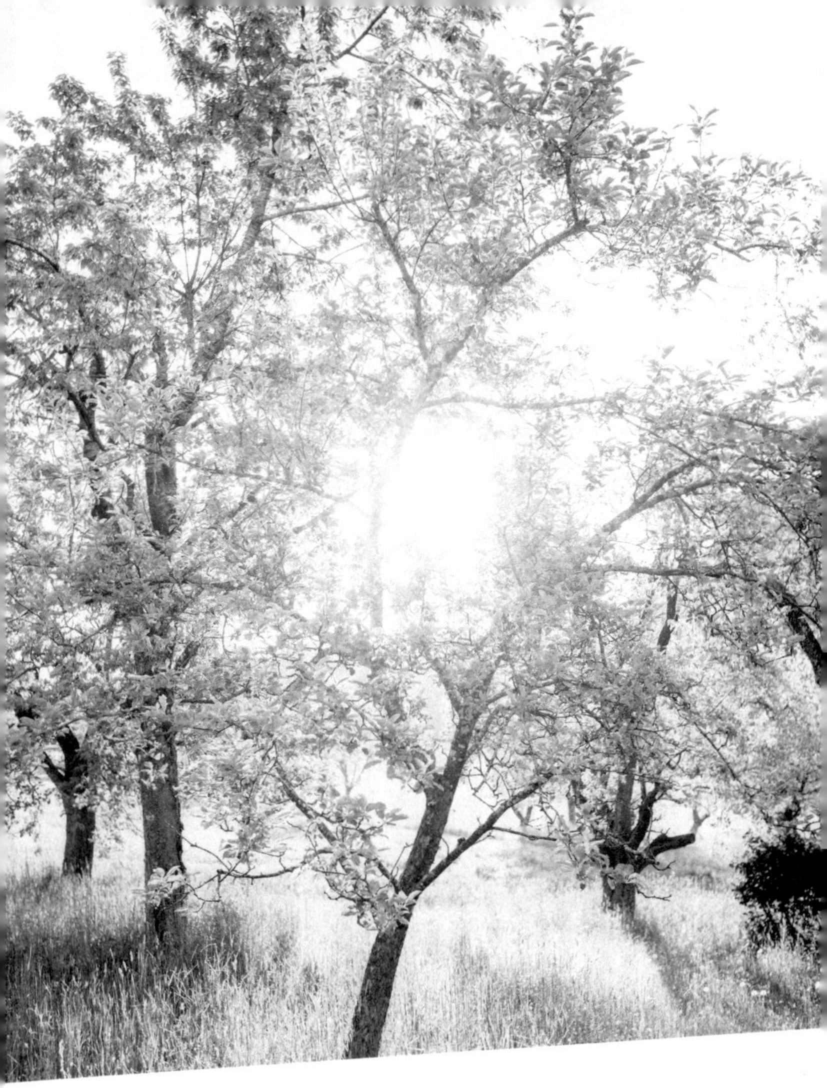

7 WOCHEN OHNE

Licht an!

1

Am Anfang schuf Gott Himmel und Erde. Und die Erde war wüst und leer, und Finsternis lag auf der Tiefe; und der Geist Gottes schwebte über dem Wasser. Und Gott sprach: Es werde Licht! Und es ward Licht. Und Gott sah, dass das Licht gut war. Da schied Gott das Licht von der Finsternis und nannte das Licht Tag und die Finsternis Nacht. Da ward aus Abend und Morgen der erste Tag.

Genesis 1,1–5

Licht an!

Ralf Meister

BIBLISCHE MINIATUR
ZU GENESIS 1,1–5

Licht ist der Anfang. An jedem Morgen, wenn die Dämmerung durchs Fenster fällt. Ebenso am Abend, wenn ich die dunkle Wohnung betrete und der erste Griff zum Lichtschalter geht. Kein sicherer Schritt wäre mir möglich, kein gezielter Griff würde gelingen. Mit Licht fängt alles an.

Licht ist Energie, Lebensenergie. Mit dem ersten Augenöffnen erblickt ein Kind das Licht der Welt. Damit fängt selbstständiges, sich entfaltendes Leben an. Mit dem Licht der Sonne kommt zugleich die Wärme – genau im richtigen Maß für jedes Gedeihen. Wir leben im Licht, das Leben ermöglicht.

Der zarte Keim sucht danach, sobald er durch die Erde bricht, der junge Baum strebt zum Platz an der

Sonne. Aber diese Wortprägung ist zwiespältig. Das schöne Bild kann diskreditiert werden. Vom späteren Reichskanzler von Bülow wurde es in der wilhelminischen Zeit für die deutsche Kolonialpolitik verwendet: „Wir wollen niemand in den Schatten stellen, aber wir verlangen auch unseren Platz an der Sonne."

Statt für Unterdrückungsverhältnisse steht das biblische Schöpfungslicht für die Lebensmöglichkeit, die alles umgibt und allen gilt. Es ist die erste gute Gabe an die Welt und die erste Erfahrung, in die wir geboren werden. Dem Leben ist Helligkeit gegeben, und zur Helligkeit ist es bestimmt.

> "Im Licht leben – und leuchten!"

Es müsste uns zum Leuchten bringen. Müssten wir nicht als lichtbestimmte Wesen wie der Mond zurückstrahlen, was wir empfangen? Der Mond tut es von selbst. Wir brauchen erst ein waches Bewusstsein, dass es nicht um den eigenen Platz an der Sonne geht, sondern ums Reflektieren und Teilen, damit der Schein in jeden dunklen Winkel fällt.

Das Schöne ist, wenn wir Licht teilen, wird uns warm dabei. Das noch Schönere ist: Wir können es sogar mit eigener Energie noch verstärken. Das warme Licht aufnehmen, mit eigener Wärme anreichern und weiterstrahlen, dabei selbst wachsen und anderen zum Wachsen helfen – welch eine helle Welt müsste das sein!

Über dem Kind leuchtet das Liebeslicht aus den Augen der Eltern. Solch ein Blick verstärkt das Licht. Nicht im physikalischen Sinn, aber im göttlichen und im menschlichen Sinn, wenn wir im Licht leben und mit diesem Licht leuchten.

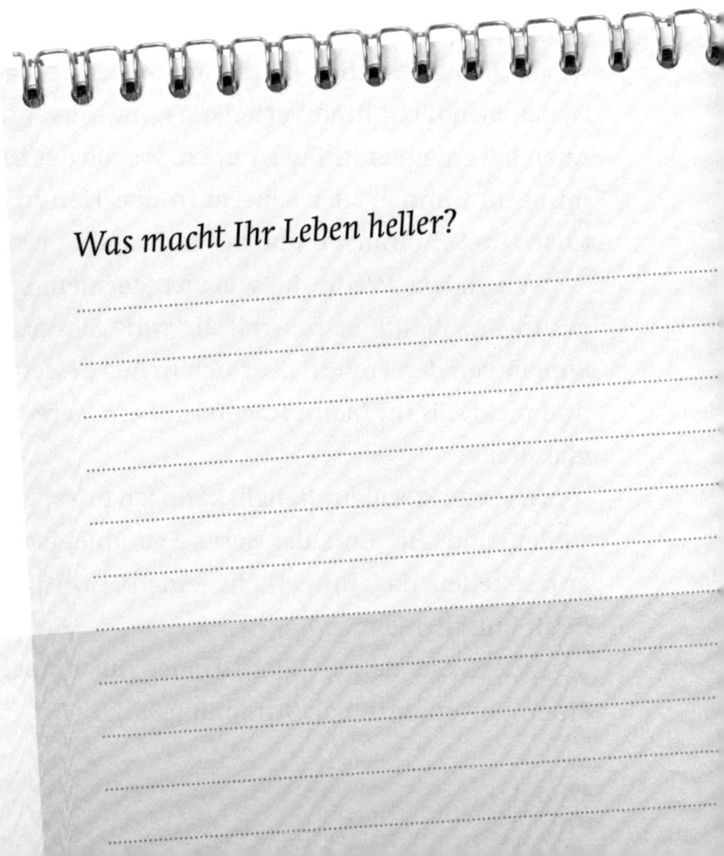

WO DAS LICHT ANKOMMT

Andreas Malessa

Als Moni aus dem Kinderzimmer zurückkommt, ist es schon Viertel nach acht. Mit feucht leuchtenden Augen steht sie da, so dass Jannik verwundert den „Tatort"-Vorspann mit der Fernbedienung wegklickt.

„Und? Diesmal 'ne lange Geschichte vorgelesen?" Er rückt einladend ihren Fernsehsessel heran.

„Tamino wollte singen. ‚Babylieder von früher', hat er gesagt." Moni lächelt. Entspannt, glücklich sieht sie aus, beinah beseligt. Jannik staunt, denn oft genug ist das abendliche Kindsversenken reine Nervensache. Auch bei einem Erstklässler noch. Wegen der Unordnung im Zimmer, der Sauerei in den Heften, dem Chaos im Schulranzen und der Unlust auf morgen.

„Wir haben ‚Weißt du, wie viel Sternlein stehen' gesungen. Wollte er so, stell dir vor!" Sie kickt die Slipper von den Füßen, lässt sich in den Sessel fallen und nickt, als ihr Mann fragend auf ein leeres Weinglas deutet.

„Wie viel Sternlein stehen, kann ich mir nicht vorstellen. Und falls ‚Gott, der Herr sie gezählet hat', wird er feststellen, dass ihm etliche fehlen", grinst Jannik beim Einschenken.

„Wieso das denn?" Moni findet ihn manchmal einen unromantischen Stimmungskiller.

„Weil sie erloschen sind, aber ihr Licht immer noch bei uns ankommt. Was du am Nachthimmel siehst, Schatz, ist größtenteils Vergangenheit."

Er hebt sein Glas in Gesichtshöhe, hält es gegen das Licht, schaut zufrieden ins funkelnde Dunkelviolett.

„Aber Licht soll doch …", sie nimmt auch einen Schluck, „…so irre schnell sein, heißt es immer, weil es keine Materie, kein Milligramm Gewicht transportieren muss."

> “Gott, der Herr hat sie gezählet, dass ihm auch nicht eines fehlet …”

„Stimmt. Etwa eine Milliarde km/h schnell. Ungefähr 350.000 Kilometer in 1,3 Sekunden. So viel zum Thema Entfernungen. Lichtjahre weit weg, die lieben Sternlein."

Moni steht auf, sucht Streichhölzer in der Küchenschublade und zündet ein paar Teelichter auf dem Beistelltisch an. Im schwarzen Bildschirm des Fernsehers spiegeln sich drei helle Punkte und der Schein der Stehlampe hinter den Sesseln.

Jannik überlegt, dass der „Tatort" ja um Viertel vor zehn wiederholt wird. Moni ist gedanklich beim Thema geblieben: „Tamino ist das alles wurscht."

„Was?"

„Wo das Licht herkommt und wie lange es unterwegs war. Dem ging's vorhin mehr darum, ob das

Licht auch ankommt. Bei ihm, in seinem Zimmer, wenn er schlafen soll."

„Hast du das Nachtlicht angelassen?"

Moni nickt versonnen, geht an den Kühlschrank und summt dabei die Melodie des Kinderliedes.

„Kennt auch dich und hat dich lieb", heißt die letzte Refrainzeile, erinnert sich Jannik.

Wann haben Sie zum letzten Mal in den Sternenhimmel geschaut? Vielleicht ist es mal wieder Zeit, einen klaren Abend dafür zu nutzen und sich vorzustellen, dass Ihr Strahlen bei Gott ebenso aufgehoben ist wie die zahllosen Leuchtpunkte am Himmel.

DEN STECKER ZIEHEN

Christiane Birgden

Wer sagt eigentlich, dass Licht besser ist als Finsternis? Klar, Buddha war „erleuchtet“, schlaue Menschen bezeichnet man als „helle“, und wer im „Rampenlicht“ steht, der hat's irgendwie geschafft. Im Licht sein gilt als erstrebenswert, „die im Dunkeln sieht man nicht“. Also ist doch klar, wo wir hinwollen!

Zugleich wissen wir, und das irritiert die gerade noch gewonnene Eindeutigkeit, dass zu viel Licht einen erholsamen Schlaf verhindert und die Lichtverschmutzung der Städte nicht nur die Zugvögel aus der Bahn wirft. Um die Sterne am Nachthimmel zu sehen, braucht es vor allem eins: Dunkelheit. Erst die Abwesenheit von Licht ermöglicht es uns, mit dem bloßen Auge Tausende und Abertausende Sterne am Nachthimmel zu erkennen. Über unseren modernen Städten sieht man nichts. Und erfährt sich nie als kleines Licht angesichts der Weiten des Weltraums.

Deshalb: Licht ist nicht besser als Finsternis. Auch wenn man in den ersten Zeilen der Bibel diesen Eindruck gewinnen mag. Aber auch hier gilt: Alles zu seiner Zeit. Zu Beginn der Bibel bewertet Gott das Licht nicht höher als die Finsternis, er schafft lediglich die Unterscheidung. Und die ist wichtig.

Es ist der Einheitsbrei, der uns krank macht. Alles, immer, zu jeder Zeit. 24/7. Handy immer am Mann. Immer verfügbar, immer erreichbar.

Manchmal ist einfach gut: Stecker ziehen. Kippschalter aus. Dann sind auch die Stand-by-Geräte aus.

Haben Sie's schon mal ausprobiert: Licht aus und im Dunkeln sitzen, so lange, bis Sie die kleinen Lichter wahrnehmen, die hier und dort leuchten?

LASERSCHWERT FÜR ALLE FÄLLE

Ramón Seliger

Jaro fürchtet sich in der Finsternis. Er liegt in seinem Bett. Die Decke bis tief ins Gesicht gezogen. Nur seine Augen schauen gerade noch heraus. Auf der Suche nach einem kleinen Lichtschein. Vergebens. Es ist finster. Stockdunkel. Zappenduster.

Nichts ist zu sehen. Wo es kein Licht und Dunkel gibt, da ist auch kein links und rechts.

Kein hinten und vorn, kein gestern und morgen. In der Dunkelheit verliert sich die Orientierung. Die Dunkelheit nimmt Jaro ganz ein. Angst kommt auf. Steigt aus dem Herzen in den Kopf, macht komische Bilder. Bevor es so weit kommt, greift Jaro nach der alten Taschenlampe am Kopfende des Bettes. Da liegt sie für alle Fälle. Jetzt ist so ein Fall. Jaro holt die Taschenlampe hervor. Da fällt ihm ein, dass die Lampe schon am Morgen kaum mehr genug Batterie zum Leuchten hatte. Jaro schaltet die Lampe ein. Sie leuchtet schwach, aber das bisschen Licht genügt. Es braucht nicht viel Licht, um die Dunkelheit zu erhellen. So viel stärker ist das Licht als die Finsternis: Ein Türspalt kann ein ganzes Zimmer erleuchten. Eine Kerze erhellt einen ganzen

„Kein hinten und vorn, kein gestern und morgen."

Saal. Eine funzelige Taschenlampe wird zum Laserschwert.

Jaro denkt jetzt an Luke Skywalker. Der Rest Taschenlampe taugt noch zum Laserschwert. Mit dem kleinen bisschen Licht schlägt er die Dunkelheit und die Angst in die Flucht und entdeckt die Sterne am Bettende. Das sind Zaubersterne. Sie nehmen die Lichtenergie auf und speichern sie. Für alle Fälle. So werden die Sterne für Jaro auch dann noch leuchten, wenn seine Lampe schon längst erloschen ist. Und eines Tages wird er verstehen, was sein Name mit der altirischen Herkunft bedeutet: Jaro – das Licht scheint in der Finsternis.

IM RAMPENLICHT

Bernhard Felmberg

„Jetzt tanzen alle Puppen, macht auf der Bühne Licht!", das Intro der Muppet Show gehört zum Soundtrack der 70er – aber die Grunderkenntnis von Kermit und Miss Piggy ist so alt wie das Wissen der Menschheit: Wer Licht anmacht, hat etwas vor – und wer etwas vorhat, macht Licht an. Macht auf der Bühne Licht – für eine wunderbare Show, die gerade erst beginnt!

> „Diskretes Dunkel oder Rampenlicht?"

So wie in der Bibel: Gott, der Schöpfer von Himmel und Erde, macht schon mal das Licht an, weil er noch etwas vorhat. Denn eine wüste, leere Welt braucht keine Beleuchtung. Im Gegenteil: Da wäre es besser, alles weiterhin im diskreten Dunkel zu belassen. Aber für das Neue, das kommen soll, lohnt sich das Rampenlicht: ein wunderbarer Erdball mit guter Atmosphäre, Meere, Kontinente, Sonne, Mond und Sterne, Pflanzen, Tiere und Menschen, jede Menge Leben. Licht an für die neue Welt!

Andere Zeiten, andere Lichter. Später ist es nicht mehr das eine große Licht auf der Weltbühne, es sind die vielen kleinen Leuchten. „Ihr alle", sagt Jesus Christus, „lasst euer Licht leuchten, damit die Leute etwas zu sehen haben!“ Da traut einer seiner Gemeinde etwas zu. Für Langeweile, Fehlleistungen und Tohuwabohu wäre diskrete Dunkelheit besser. Aber für all die guten Werke, die Gott durch uns vorhat, lohnt sich das Licht: Licht an für die neue Menschheit!

Sieben Wochen Passion. Sieben Wochen auf das Licht des Ostermorgens zugehen. Wenn ich in der Bibel nach Licht suche – finde ich Jesus. Er hat von sich gesagt: „Ich bin das Licht.“ Andere haben es bestätigt: „In ihm war das Leben, und das Leben war das Licht der Menschen.“ Wieder gilt: Wer Licht anmacht, hat noch etwas vor. Da leuchtet schon das kommende Himmelreich. Licht an für Gottes Liebe!

“ Da leuchtet schon das kommende Himmelreich. ”

DER FUNKE

Petra Schulze

Der kleine Campinghocker drückt ein bisschen. Aber das merke ich kaum vor lauter Aufregung hier in einem kleinen Zirkuszelt auf einem Campingplatz am Meer. Die Luft dampft von dem heißen Tee und den vielen Menschen, die in dicken Pullis und Gummistiefeln auf unseren Bierbänken Platz genommen haben. Draußen dicke graue Wolken und Regen, Regen, Regen. Ein Lichtpunkt an diesem verregneten Sonntag: Märchen für Erwachsene. „Herzlich willkommen bei Kirche unterwegs zu diesem Märchenabend für Erwachsene …"

Mein erster Auftritt als Märchenerzählerin steht kurz bevor. Puh. Ich schwitze. Ob sie mir wohl gerne zuhören werden? Die meisten sind doch sehr viel älter als ich, die noch zur Schule geht. Was ist, wenn sie jetzt alle furchtbar enttäuscht sind? Was ist, wenn einige gehen? Die Fantasie malt mir die schlimmsten Bilder ins Hirn, wo doch Platz für das Märchen sein sollte. Am Strand heute habe ich es noch mal mehrfach geübt und das Märchen laut und frei erzählt. Mein Freund als Hörer an meiner Seite. Der Arme. Er kennt es jetzt auch auswendig.

Wir singen erst mal ein Lied. Zeit gewonnen. Aber jetzt, jetzt geht's los. „Spot an" auf Petra. Ich richte mich auf meinem Hocker auf. Schaue in die Gesichter. Die gucken erwartungsvoll und freundlich. Los geht's. Und auf einmal ist es, als hätte jemand in mir ein Licht angeknipst. Ich bin die Geschichte, die ich erzähle. Ich leuchte, ich fliege, ich fühle mich wohl. Die Gäste schauen und fliegen mit durch die Zeiten, durch das Märchen. Und es wird hell im Zelt und warm. Und dann ist es schon vorbei. Jetzt schon? Dieser Funke, die Lust am Erzählen und andere dabei für einen Moment mitnehmen in eine andere Welt – dieser Funke in mir ist nie erloschen. Und er beflügelt mich immer mal wieder, wenn ich zweifle und mich schäme und Angst habe, andere zu enttäuschen.

Der Weg auf die Weltenbühne, rein ins Licht der Schöpfung. Der war schwer für mich. Immer in der Angst, für nicht gut genug befunden zu werden, war der Weg ins Dunkle und ins Versteck leichter. Kirche unterwegs aber hat mich ins Licht geschoben, mir was zugetraut. Damit ich merke: Der helle Tag nimmt die Angst, das Licht des Lebens entfacht Leidenschaft, und Leidenschaft ist ein Feuer, das mich leuchten lässt und fliegen, das mich begeistert und begeistern lässt.

Licht an! – konkret

Beate Hofmann

Ein dumpfes Plopp und irgendwo in der Ferne der Alarmton, sobald in der Klinik etwas nicht stimmt. Bis eben hatten wir die ausgeleuchtete Kapelle der Uniklinik für uns. Der Patient, mit dem ich im Gespräch bin, spielt leidenschaftlich gerne Klavier und die junge Frau, die ebenfalls seit Wochen in der Klinik um ihre Gesundheit ringt, sie waren gerade im Begriff, mir etwas vorzuspielen. Doch jetzt ist schlagartig das Licht ausgefallen. Ein Stromausfall – von jetzt auf gleich.

Dass wir nicht im völligen Dunkel sitzen, liegt daran, dass etliche Teelichter auf dem Fürbitte-Tisch um die Wette leuchten. Und es scheint, sie haben ohne den Glanz des elektrischen Lichtes auf einmal an Strahlkraft gewonnen. Wir schweigen, hängen unseren Gedanken nach und fragen uns, für wen die Kerzen wohl leuchten sollen. Mit einer einzigen Kerze kann man einen ganzen Raum mit Licht erfüllen, kommt mir in den Sinn. Ich erinnere mich an die Geschichte, in der erzählt wird, wie ein König herausfinden will, welcher seiner Söhne am besten geeignet ist, seine Nachfolge anzutreten.

Er gibt beiden Söhnen etwas Geld und bittet sie, damit etwas zu finden, mit dem man den ganzen Saal füllen kann. Während der Ältere ausgedroschenes Stroh hereintragen lässt, stellt der jüngere Sohn im Anschluss daran eine einzige Kerze in die Mitte des dunklen, leeren Saales. Ihr Licht füllt den ganzen Raum. Licht zu entzünden und Orte hell zu machen ist etwas, was wir Menschen brauchen, um lebensfähig zu sein – so befindet es offensichtlich der König, denn er ernennt den jüngeren Sohn zum Nachfolger.

Es sind seltene Momente, in denen wir uns heutzutage auf pures Kerzenlicht einlassen, und noch seltener, dass wir uns darauf verlassen müssen. Zum Glück, denn Leseabende, wie ich sie liebe, wären bei dem flackernden, schummrigen Licht wohl von kurzer Dauer, und unsere Arbeitstage wären deutlich kürzer. Aber die Qualität des Lichtes von Kerzen ist anderer Natur: Wir rücken zueinander, entwickeln eine vertraute Stimmung, werden offener oder entwickeln Tiefe in unseren Gesprächen.

„Ich gehe Licht machen" – welche andere Bedeutung hat dieser Satz auf einmal, wenn wir ein Streichholz entzünden und Kerzen damit entfachen? Und was passiert, wenn ich eine Kerze anzünde für einen Menschen, dessen Wohl mir am Herzen liegt und dem ich meine Gebete und Gedanken widme?

Und als wäre der Schein der Kerzen nicht genug, leuchten auf einmal die bunten Glasziegel der Kapelle im späten Abendlicht auf. Alles ist in sanftes, farbiges Licht getaucht. Es ist ein Moment, in dem wir ahnen, dass das Geheimnis von Lebenskraft mit Leuchtkraft verknüpft ist, auch wenn die Schatten und die Dunkelheit dazugehören.

Als Minuten später der Strom wieder da ist und die Deckenleuchten erstrahlen, sind wir fast geblendet. Die junge Frau setzt sich ans Klavier, legt die Hände auf die Tasten. Sanft und harmonisch perlen Töne, und er beginnt zu singen, zögernd, leise und immer kraftvoller. Die beiden musizieren auf eine feinfühlige und unvergleichlich schöne Weise, und ich bin tief berührt. Als der letzte Ton verklingt, bleibt es noch eine ganze Weile still.

Dann erst erfahre ich, dass dies eine Uraufführung war. Dass die junge Frau in den vergangenen Wochen dieses eine Lied zu spielen gelernt hat und dass dieser alte Herr, dieser Ort und dieses Klavier in der Klinik sie davor bewahrt haben, an ihrer Diagnose zu verzweifeln. Der alte Musiker wiederum hat eine Aufgabe gefunden und fühlt sich trotz seiner Krankheit gebraucht. Er strahlt vor Vergnügen, als er mein verwundertes Gesicht sieht.

Und ich? Ich fühle mich, als hätte jemand Licht angeknipst – mitten in meinem Herzen.

Coaching-to-go-Tipps, um mehr „Lichtmomente“ in den Alltag zu holen:

1. Licht an! Für Sorgenkinder und Schwarzseher
   Suche dir Gläser in allen Formen und Varianten zusammen. Stelle kleine oder große Teelichter hinein. Baue dir auf einem Regal oder Tisch eine „Licht-an!-Ecke“ auf.
   Dort entzündest du an jedem Abend dieser Woche jeweils ein Licht für einen Menschen. Das kann eine Kollegin, ein Freund, ein Familienmitglied in der Ferne oder eine Nachbarin sein, für die du gute Gedanken, Gebete, Lichtworte entstehen lassen willst. Dieses Ritual wird nicht nur Lichterglanz verbreiten, sondern dein Herz leicht und hell machen, denn die Liebe, die wir mitfühlend teilen, macht uns selbst kraftvoll und hoffnungsfroh.
2. Stelle dir eine Text-Collage mit Licht-Worten zusammen, die dich trösten, ermutigen und dir Orientierung geben.
   Lichtworte sind beispielsweise:

- Mache dich auf, werde licht, denn dein Licht kommt. (Jesaja 60,1)
- Es ist besser ein Licht anzuzünden, als über die Dunkelheit zu klagen. (Konfuzius)
- Und das Licht scheint in der Finsternis, und die Finsternis hat’s nicht ergriffen. (Johannes 1,5)

- Der Herr ist mein Licht und mein Heil. Vor wem sollte ich mich fürchten. (Psalm 27)
- Suche das Licht nicht im Außen. Finde das Licht in dir und lass es aus deinem Herzen strahlen. (Rumi)

Meine Lichtmomente der ersten Fastenwoche:

7 WOCHEN OHNE

Meine Ängste

2

Da trat aus den Lagern der Philister ein Riese mit Namen Goliat aus Gat, sechs Ellen und eine Handbreit groß. Der hatte einen ehernen Helm auf seinem Haupt und einen Schuppenpanzer an, und das Gewicht seines Panzers war fünftausend Schekel Erz, und hatte eherne Schienen an seinen Beinen und ein ehernes Sichelschwert auf seinen Schultern. Und er stellte sich hin und rief den Schlachtreihen Israels zu: Was seid ihr ausgezogen, euch zum Kampf zu rüsten? Bin ich nicht ein Philister und ihr Sauls Knechte? Erwählt einen unter euch, der zu mir herabkomme. Ich habe heute den Schlachtreihen Israels Hohn gesprochen. Gebt mir einen Mann und lasst uns miteinander kämpfen. Da Saul und ganz Israel diese Rede des Philisters hörten, entsetzten sie sich und fürchteten sich sehr.

1. Samuel 17,4–11 (Auswahl)

Meine Ängste

Ralf Meister

BIBLISCHE MINIATUR ZU 1. SAMUEL 17,4–11 (AUSWAHL)

„Riesen gibt es nur, wenn du an sie glaubst.“ Der Großvater schaut lächelnd. „Du musst näher herangehen. Wenn du sie aus Nähe siehst, sind sie oft gar keine Riesen mehr.“

Ein Riese scheint ja vor allem eins zu sein, riesengroß. Und je mehr von ihm erzählt wird, desto größer wird er. Aber es lohnt sich hinzusehen. Manchmal ist er nur ein Scheinriese, der umso größer erscheint, je ferner er ist. Nur am fernen Horizont scheint er riesenhaft. Nah herangetreten, kann David ihn einschätzen: sechs Ellen und eine Handbreit. Das ist groß. Groß und stark für einen Menschen, aber ein Riese? Ihm ist beizukommen.

Kaum ein Riese ist bei Licht besehen so groß, wie er scheint. Die dunklen Gedanken der Nacht wachsen riesengroß, je länger sie die Dauerschleife der halbwachen Träume durchlaufen. Am Morgen sind sie nicht weg, aber zeigen ihre realistische Größe. Sind sie nicht handhabbar? Oft herausfordernd genug, aber doch so, dass man ihnen entgegentreten kann? Vielleicht immer noch gefährlich, aber nicht unbesiegbar. Große und fast unüberwindbare Probleme türmen sich vor uns auf. Doch Resignation ist keine Option.

„Es lohnt sich, andere Blickwinkel auszuprobieren."

„Saul und ganz Israel entsetzten sich." David besinnt sich auf das, was er kann. Schleudern. Was steht mir zur Verfügung? Wonach kann ich greifen? Welche Ressourcen nutzen? Wen um Beistand bitten? Es lohnt sich, andere Perspektiven einzuholen, versuchsweise andere Blickwinkel auszuprobieren. Der Scheinriese lebt vor allem vom Hinstarren, wenn ich den Blick nicht lösen kann. Seine verwundbare Seite zeigt er erst beim Herzutreten. Sein Bild bekommt einen anderen Rahmen. David besinnt sich auf seine Möglichkeiten „... und wählte fünf glatte Steine".

Vielleicht kennen Sie, wie einen das unentwegte Hinstarren lähmt. Im Blick, der sich nicht abwenden kann, manifestiert sich das Sorgenbild in immer mächtigerer Gestalt, als ob es daraus zusätzliche Nahrung erhielte.

„Du musst näher herangehen." Der Großvater lächelt. Er hat Lebenserfahrung aus unzähligen Tagen, an denen Sorgenriesen am Horizont aufgetaucht sind. „Nimm etwas in die Hand. Nutze, was dir zur Verfügung steht." Manche Probleme lassen sich nicht kleinmachen. Aber jede Handlung zählt. Er hat das Lächeln gelernt. Er weiß, die Handlungsmächtigkeit wiederzufinden – und sei es nur versuchsweise –, kann ein Schlüssel sein. Dann habe ich vielleicht noch nicht den richtigen Weg, noch nicht den Schlüssel, der passt. Aber ich bin nicht mehr starr. „Das vertragen die Scheinriesen nicht", flüstert er. „Sie werden kleiner. Irgendwann ist ihnen beizukommen."

“ Nutze, was dir zur Verfügung steht! ”

WENN MAN EINE ZWILLE HÄTTE

Andreas Malessa

„Papaaaa? Weißt du, wie David den Riesen Goliat besiegt hat?“ Solche Fragen seines Siebenjährigen zu hören, nervt einfach während einer Zoom-Konferenz im Homeoffice. „Paaapa!“ Im Hausflur wird es lauter, ungeduldiger.

Die sechs anderen Gesichter auf Janniks Tablet werden ihn mal kurz entbehren müssen: „Sorry, gimme a second“, sagt er, klickt Mikro und Kamera aus, steht auf, öffnet die Bürotür: „Ruhe, Menschenskind! Mit Steinchen in einer Zwille hat er ihn besiegt. Alles andere später, später, okay?!“

Zurück im Zoom-Meeting spürt Jannik seine Müdigkeit. An Tagen wie heute hat er morgens um sechs die Koreaner auf dem Bildschirm, abends um zehn die Kalifornier und alle wollen alles „a.s.a.p.“. As soon as possible. Die Tonalität ist freundlich, aber die Gesprächsatmosphäre frostig.

„Wenn Vorwürfe laut auf dich einprasseln, stehst du im Regen. Das ist blöd. Wenn Vorwürfe stumm auf dich niedergehen, fällt Schnee. Das ist gefährlich“, hatte Frau Zareian-Koshro mal gesagt, die Kollegin mit den persischen Wurzeln. Und den orientalischen Weisheiten. Ob sie weiß, wovon der Vorstandsvorsitzende redet, wenn er vielsagend schweigt?

Seit Wochen raunt die Führungsetage von einem US-Investor, der Millionen zuschießen würde, falls er an Personalentscheidungen beteiligt wird. Namen fallen nie, aber Jannik ahnt, wer in der Firma die Poleposition will und wer die Parkposition kriegen soll. Macht er sich unnötig Sorgen, prophylaktische Panik? Geht es gar nicht um ihn, um Janniks Team, um seine Projekte und Budgets? Oder geht es präzise nur um ihn – und er merkt's nicht?

Die Ergebnisprotokolle solcher Konferenzen sind trockene Verlautbarungsprosa. Wortreich nichtssagend. Jannik zupft an der Oberlippe. Zoom-Meetings können anstrengender sein als die Zwischenrufe eines Kleinkindes.

„Woher kennt Tamino so blutrünstige Bibelgeschichten? David streckt Goliat nieder und köpft ihn dann, stimmt's?“, fragt er Moni spätabends beim Zähneputzen im Bad.

„Aus der Schule vielleicht, oder der Jungschar? Vom Kindergottesdienst, was weiß ich“, gähnt seine Frau. „Immer noch besser, als wenn Hänsel und Gretel die Hexe in den Ofen schieben.“

„Kapieren die Kurzen denn, dass es in der Geschichte um Effizienz statt Materialschlacht geht? Um den strategischen Vorteil, wenn David unterschätzt wird und Goliat sich schlapp lacht, im Wortsinn schlapp?“

„Nein, viel zu weit gedacht. Für Tamino geht's um seine Angst vor größeren Kindern, vor stärkeren Jungs, vor Hausaufgaben, vor Sportstunden am Reck."

Nachts im Bett, wenn die besorgten Mails seiner ostasiatischen Partner auf dem Handy vibrieren, wunschträumt Jannik, er könnte dem machtgeilen Großinvestor etwas entgegenschleudern. Irgendwas Effektives. Kartellrechtliche Bedenken, Außenhandelsbestimmungen, deutschen Datenschutz, steuerrechtliche Hürden, ha! Als letztes tödliches Steinchen könnte er einen Hashtag-MeToo-Verdacht losschießen. Und als David gegen Goliat vom Platz gehen, sprichwörtlich.

Was ist aktuell Ihr Goliat? Und womit könnten Sie ihm begegnen?

ATEMBRÜCKE

Kirsten Fehrs

Angst – wie ein Riese kann sie sich vor einem auftürmen. Unbesiegbar, gepanzert und bewaffnet. Bereit, mich klein zu machen. Das Wort „Angst" stammt vom griechischen Verb „agchein" ab. Das heißt übersetzt „würgen", „die Kehle zuschnüren". Und genauso erleben wir's doch auch?! Angst, Stress oder Sorgen können einem regelrecht die Luft nehmen. Der Atem geht flach, man fühlt sich flatterig und kann seine Gedanken nicht mehr richtig sortieren. Das fühlt sich bedrohlich an. Und ich mich wie ein kleiner David. Schutzlos, nur mit einer kleinen Zwille bewaffnet.

Was tatsächlich helfen kann, ist: ruhig ausatmen. Im Rhythmus atmen. Das löst nicht das Problem. Aber es löst die Angst und mobilisiert die klaren Gedanken. Mit Atemtechniken können wir Körper und Geist gezielt beruhigen oder anregen. Unser Atem ist tatsächlich so etwas wie ein unbekannter Joystick, um die „Gedankenspiele" in unserem Kopf anzusteuern. Der bekannte Achtsamkeitslehrer und Buchautor Thich Nhat Hanh erklärt: „Der Atem ist die Brücke, die das Leben mit dem Bewusstsein verbindet, es verbindet unseren Körper mit unserem Denken." Und er empfiehlt, den Atem zu nutzen, wenn der Geist zerstreut oder unruhig ist, um wie eine „bridge over troubled water“ wieder Ruhe in die Gedanken zu tragen. So stelle ich es mir auch mit der Geistkraft Gottes vor, die uns das Leben eingehaucht hat und mit der wir täglich Gott atmen: Sie bewegt unsere Gedanken und Taten. Inspiriert uns. Schafft Herzensweite. Friedenstaten. Liebesgedanken. Der Schweizer Dichter Kurt Marti hat das wunderschön so beschrieben:

> Mein Atem geht
> Mein Atem geht – was will er sagen?
> Vielleicht: Schau! Hör! Riech!
> Schmeck! Greif! Lebe!
> Vielleicht: Gott atmet in dir mehr als du selbst.
> Und auch:
> In allen Menschen, Tieren,
> Pflanzen atmet er wie in dir.
> Und so:
> Freude den Sinnen! Lust den Geschöpfen!
> Frieden den Seelen!

Gott atmet in mir mehr als ich selbst. Was für eine stärkende Vorstellung! Vielleicht ging es auch David so, als er Goliat gegenüberstand, der gepanzerten Supermacht: Einatmen. Ausatmen. Klarheit gewinnen. Sich aufrichten. Und Gott an seiner Seite spüren. Die riesige, gepanzerte und höhnische Angst schrumpft zusammen. Und ist am Ende vielleicht doch so unbesiegbar nicht.

GOLIAT KOMMT!

Susanne Breit-Keßler

Goliat stellt ein Symbol für alles dar, was einen in Angst und Schrecken versetzt. Er ist körperlich überlegen, dazu bestens ausgerüstet. Sogar mit Worten kann er vernichten. Warum trumpft er gar so auf? Wer mit Angst operiert, ist eng im Denken und Fühlen. Da gibt es keine Weite des Herzens, kein großes Herz. Goliat fehlt einfach der Sinn für Alternativen.

Bloß – eine Bedrohung in solchen Dimensionen lässt sich nicht wegpsychologisieren. Goliat können wir ein andermal therapieren. Es geht um uns selbst. Also: Flüchten oder standhalten? Um diese Frage zu beantworten, muss man die Gefahr analysieren – wenn man Zeit dafür hat. Manchmal, wenn sie sehr konkret ist, hilft tatsächlich bloß rennen.

Meistens sind es andere Ängste, die einen überfallen. Angst ist das Gefühl, dass Übles bevorsteht. Angst vor unwägbaren Risiken, vor Dingen, die man nicht selbst bestimmen kann. Angst vor Möglichkeiten, die einem offen und auch entgegenstehen. Jesus brach im Garten Gethsemane Angstschweiß aus, als ihm das Ende vor Augen stand. Manchmal sind es viel kleinere Aufgaben, an die wir mit Zittern und Zagen herangehen.

Da bibbert eine Frau, weil sie einen Vortrag halten soll; ein Mann kann nach einem Unfall nicht mehr auf das Fahrrad steigen. Es gibt die konkrete Furcht vor Spinnen, vor geschlossenen Räumen, vor Plätzen oder Höhen. Schade wäre, wenn man sich der eigenen Angst ausliefern würde – so, dass man gleichsam ohnmächtig dem eigenen Leben gegenübersteht.

Aber es empfiehlt sich umgekehrt auch nicht, mit Hurragebrüll oder unterdrückten Ängsten loszumarschieren. Gleich ob Angst, Furcht oder eine regelrechte Phobie – man braucht jemanden, mit dem man Ängste besprechen kann. Vor was genau fürchte ich mich? Kann ich benennen, was mich umtreibt?

Was empfinde ich, wenn ich an das denke, was mich ängstigt? Es lohnt sich nachzuforschen, warum man sich fürchtet und was die tiefe Ursache einer Angst sein könnte. Manchmal hilft es, sich die schlimmste aller bevorstehenden Möglichkeiten auszumalen und in Gedanken verschiedene Varianten des eigenen Verhaltens auszuprobieren.

Wer so in sich hineinhorcht, hat Grips im Kopf. Nur Dummköpfe kennen keine Angst, sagt man, und das stimmt. Jesus sagt: „In der Welt habt ihr Angst." Es ist normal, Angst zu haben – zu spüren und zu wissen, dass das Leben nicht einfach zu meistern, mit Angst oder Furcht belastet ist. „Aber seid getrost, ich habe die Welt überwunden", fährt Jesus fort.

Ja, wir haben Angst und oft genug auch Grund dazu. Aber wir sind nicht alleingelassen mit den Goliats dieser Welt. Fassen wir uns ein Herz und treten ihnen entgegen – nicht leichtfertig, sondern überlegt und klug. Vielleicht sogar gewitzt. Wir haben einen Gott, der uns Mut macht. Denn seine Kraft ist in den Schwachen mächtig.

RIESE ODER SCHEINRIESE?

Andrea Schneider

Vorsichtig nehme ich das kleine Buch in die Hand. Sein Papierumschlag ist so zerfleddert, dass er schnell ganz auseinanderreißen kann. Kein Wunder, das Buch ist über fünfzig Jahre alt und wurde zigmal gelesen und vorgelesen: Michael Endes weltberühmte Geschichte von Jim Knopf und Lukas dem Lokomotivführer. Auf Emma, der lustigen Lokomotive, reisen sie durch die Welt und erleben dabei wundersame Dinge, wie Erwachsene sie vielleicht nicht so richtig verstehen und glauben können.

Innen auf dem Buchumschlag steht dieser Warnhinweis: „Achtung! Das Lesen dieses Buches ist Erwachsenen nur in Begleitung von Kindern gestattet. Zuwiderhandlungen auf eigene Gefahr!“ Ich geb's gern zu: Ich habe diese Warnung missachtet. Und mich der „Gefahr“ ausgesetzt, so richtig was zu lernen. Zum Beispiel die Sache mit dem Scheinriesen.

Irgendwann auf ihrer Reise haben sich die drei Helden verfahren im wüsten Nirgendwo. Da erblicken sie in der Ferne plötzlich die Riesen-Gestalt eines Riesen-Menschen. Ein Riesen-Schreck! Jim Knopf ist total von der Rolle, Emma aus der Bahn geworfen. Auch Lukas wundert sich über das Ungeheuer am Horizont. Aber er sieht auch dessen langen, weißen Bart. Das schlabbrige Hemd. Den alten Strohhut. Er hört seine klägliche Stimme. Auch einen fast unhörbaren, tiefen Seufzer.

Und Lukas überlegt: Der Riese – ist er wirklich so gruselig gefährlich, wie er erscheint? Oder vielleicht – abgesehen von seiner Größe – doch „ganz manierlich“? Könnte er ihnen sogar helfen, herauszufinden aus der verflixten Wüste?

Langsam, sehr vorsichtig, geht Lukas auf den Riesen zu. So auch Jim Knopf. Mit schlotternden Knien. „Richtig“, sagt sein Freund. „Angst taugt nämlich nix. Da sieht alles nur noch schlimmer aus, als es ist.“ Und mit jedem Schritt, den sie dem Riesen näherkommen, wird der kleiner. Erst ist er himmelhoch wie ein Gebirge, dann lang wie ein Kirchturm, dann nur noch groß wie ein Haus. Schließlich auf Augenhöhe.

„Ich bin Herr Tur Tur, ein Scheinriese“, so stellt sich der dünne alte Mann vor. Sein gütiges Gesicht leuchtet. „Alle haben Angst vor mir, weil ich so groß erscheine. Wie schön, dass ihr nicht vor mir zurückschreckt, sondern mich an euch heranlasst. Darf ich euch von mir erzählen, auch von meiner Einsamkeit? Euch zu mir einladen?“

Verrückt: Da ist dieser an-scheinend so bedrohliche Riese. Aber er ist nur schein-bar so bedrohlich. Eigentlich … anders!

Mir fallen viele Situationen ein, wo es guttut, das Riesenhafte, das angstauslösend vor mir steht bzw. mir bevorsteht, als scheinriesenhaft zu entlarven: Meine Angst davor spüren. Aber doch Schritt für Schritt draufzugehen. Den „Riesen" kennenlernen. Vielleicht mit ihm kämpfen. Dabei das Herausfordernde als nicht überfordernd entdecken. Nach und nach stärker werden. Mich mit meinem Scheinriesen sogar anfreunden. Erleben: Er ist wichtig auf meiner Lebensreise.

Riese oder Scheinriese? Zum Beispiel die anstrengenden Phasen einer Chemotherapie. Der aufregende Auftritt vor großem Publikum. Die schwierige Prüfung. Der Kontaktversuch nach verletzender Funkstille. Der neue Job nach langer Familienpause ...

Und der Riese Goliat in der Bibel? In seinem abstoßend-dicken Panzer, mit seinem scharf-schweren Schwert und seiner eitel-dröhnenden Sprache ... dieser aufgeplusterte Typ, der vor Kraftstrotzigkeit kaum gehen konnte – ob der vielleicht auch was hatte von einem Scheinriesen, nahbar-verletzlich, tief in sich drin, ganz versteckt?

Und ob der fitte Hirtenjunge das wahr-genommen hat? Als er mit kleiner Steinschleuder und offenem Blick auf ihn zuging: „Hallo, du Riese! Du kommst mir recht! Zeig dich mir! Auf in den Kampf!"

Meine Ängste – konkret

Beate Hofmann

Erinnern Sie sich noch an die Zeit vor drei Jahren? Ich hatte damals das Gefühl, dass die Angst vor einer unberechenbaren Krankheit sich wie eine Gewitterwolke über vielen Menschen auftürmte. Sie wurde dunkler, mächtiger und Tag für Tag bedrohlicher.

Unsere jüngste Tochter verließ gleichzeitig mit vielen Kommilitoninnen das Studentenwohnheim, um noch den letzten Flixbus für die Heimreise ins Elternhaus zu erreichen. Niemand konnte konkret einschätzen, welche Auswirkungen dieser unbekannte Virus auf unsere Gesellschaft haben würde.

> “Die Angst türmte sich wie Gewitterwolken auf.”

Jeden Abend ein Brennpunkt im ersten Programm gleich nach den Nachrichten, im Radio ein Experteninterview nach dem anderen. Verschwörungstheorien und reale Befürchtungen waren kaum auseinanderzuhalten. Türklinken wurden desinfiziert, Masken wurden jenseits des Krankenhauses zum notwendigen Accessoire, man zog sich zurück in die eigenen vier Wände. Ich erinnere mich noch daran, wie wir abends teilhatten an der Aktion unserer Kirchengemeinde und eine helle Kerze im Glas entzündeten und ins Fenster stellten. Während die Glocken Abend für Abend zur gleichen Zeit tief und warm klangen, saßen wir mit einer Tasse Tee für eine Viertelstunde still beieinander. Lauschten nach innen, hielten inne und brauchten für diese Zeit nichts. Es war gut so, wie es in diesem Moment war. Wir fanden Ruhe, wussten uns mit anderen Menschen im Ort und über weite Entfernungen hinweg verbunden, spürten dem Glauben nach, dass Gott da ist. Ich bin da. Ich bin, der ich bin. Ich bin für dich da. Ich werde bei dir sein. – Alles Namen des Göttlichen, die uns in diesen Tagen begleitet und aufgehoben haben.

> “Angst gehört zum Leben dazu – für Kinder ebenso wie für Erwachsene.”

Damals wurde uns eines klar. Angst gehört nicht nur für Kinder, sondern ganz offensichtlich auch für Erwachsene zum Leben dazu. Immer einmal wieder begegnen wir inneren oder äußeren Ängsten. Jede und jeder von uns auf andere Weise. Die wenigsten werden sich einem Goliat gegenüber aufstellen müssen, doch manche Angst baut sich ähnlich wie der übermächtige Kämpfer vor uns auf. Das kann die Angst vor dem Alleinsein im Alter sein, dem sozialen Abstieg durch Arbeitslosigkeit, der Entwertung des

Geldes, dem Krieg mitten in Europa, der nicht bestandenen Prüfung, der fehlenden Anerkennung in einer Gruppe oder die Angst vor einer Diagnose und der damit einhergehenden Krankheit. Und wir können sie weder leugnen noch lösen, nicht einmal verdrängen.

Doch eines ist sicher: Indem ich die Angst problematisiere, sie wieder und wieder in ihrer Bedrohlichkeit beschreibe, mich mit medialen Analysen überfrachte und alle meine Gedanken darum kreisen lasse, ja selbst wenn ich sie ignoriere, Angst wird dadurch größer. Sie bahnt sich in ihrer ganz eigenen Dynamik einen Weg in unser Empfinden. In der Folge raubt sie uns die innere Sicherheit, die Seelenruhe und die Zuversicht. Eine Abwärtsspirale wird in Gang gesetzt, und sie löst einen mächtigen, negativen Sog aus, der uns nach unten in Isolation, Furcht, Depression zieht.

Die Wahrheit ist, wir müssen uns unserer Angst stellen, so wie der Figur des Goliat. Der Weg durch die Angst führt mitten hindurch. Das erlebe ich am eindrücklichsten im Coaching. Wenn sich Menschen trauen, tatsächlich zu benennen, was sie ängstigt und was sie befürchten, dann erst verändert sich etwas. Oft fließen dabei Tränen, doch mir scheint es, als ob diese den Weg bahnen, etwas lösen und die Seele erleichtern. Es ist der erste und mutigste Schritt zu benennen, was ich wirklich befürchte. Wir brauchen den Mut anzuerkennen, dass es Dinge gibt, die wir nicht im Griff haben, denen wir machtlos oder hilflos gegenüberstehen.

Heute gehe ich wieder ins Café, ins Konzert, und ich umarme meine liebsten Menschen. Viele haben sich daran gewöhnt, bestimmte Hygiene in ihren Alltag einzubauen, gehen gelassener mit den Informationen über Corona um, nutzen die Impfung oder nehmen die Krankheit in Kauf. Aus der übermächtigen Angst ist ein pragmatisches Handeln geworden. Die große Kunst bleibt es, uns den kleinen oder großen Ängsten zu stellen, die sich uns immer aufs Neue in den Weg stellen. Wesentlich scheint mir zu erkennen: Angst im Leben gehört dazu. Angst vor Gott dagegen niemals.

“Es gibt Dinge, die wir nicht im Griff haben.”

Coaching-to-go-Tipp im Umgang mit Angst:

1. Angst anschauen und entmachten

- Wenn die Angst übermächtig wird und Sie im Schlaf oder tagsüber immer wieder beschäftigt, schauen Sie diese Angst ganz bewusst an. Wie kann das geschehen? Ich schlage zwei Schritte vor.

Schritt 1:

- ganz sachlich aufschreiben, was mich ängstigt oder
- jemandem davon erzählen, der nüchtern zuhört, ohne zu problematisieren, oder
- einen Gegenstand symbolisch für diese Angst suchen und sich diesem gegenübersetzen. Sprechen Sie vor diesem imaginären Gegenüber laut aus, was Sie von ihm halten.

Schritt 2:

- Ressourcen suchen: Welche Erfahrungen haben Sie zu diesem Thema, wo haben Sie schon eine ähnlich bedrohliche oder bedrückende Situation überstanden? Was hat Ihnen dabei geholfen?
- Aktiv werden: Welche Möglichkeit haben Sie, um ins Handeln zu kommen? Was ist ein erster, kleiner Schritt? Wie können Sie einen inneren Satz finden, der Sie ermächtigt, sich dieser Situation zu stellen? (Zum Beispiel: „Habe ich das geschafft, schaffe ich diese Herausforderung auch“, „Gott geht mit! Ich habe die Kraft, den nächsten Schritt zu tun.“)

Was ängstigt Sie?

7 WOCHEN OHNE

Was mich trägt 3

Der Herr segne dich und behüte dich;
der Herr lasse sein Angesicht leuchten
über dir und sei dir gnädig;
der Herr hebe sein Angesicht über dich
und gebe dir Frieden.

Numeri 6,24–26

Was mich trägt

Ralf Meister

BIBLISCHE MINIATUR
ZU NUMERI 6,24–26

Es soll vorkommen, dass jemand, der lange nicht in einem Gottesdienst war, gerade den Segen als wohltuend empfindet. Es ist eine besondere Aufmerksamkeit im Raum. Das kurze Schweigen bevor die Stimme sich erhebt, die Worte, die Resonanz. Der Friede, von dem gesprochen wird, ereignet sich in diesem Moment. Etwas springt über, und Gottes leuchtendes Angesicht legt sich als Glanz auf die Gesichter.

In mir ist es, als ob ein Magnet an Eisenspänen entlanggeführt wird. Das wirre Knäuel meiner Gedanken bekommt eine Richtung. Etwas, das Ruhe bringt und Mut macht. Solcher Segen ist kein Menschenwort. Es muss nicht neu erfunden werden. Der Segen beinhaltet immer einen Ewigkeitsmoment. Er gibt Antwort auf unser Gebet. Ich sehe dich. Ich höre dich. Ich trage dich.

Dieser lebensbejahende Klang schlägt eine Saite in mir an, die mitschwingt. Ja, so soll es sein, dass der Schöpfer sein Angesicht leuchten lässt. Vielen scheint es, als ob alle an ihnen vorbei- oder über sie hinwegsehen. Manchmal scheint es so, als sei die Welt selbst zu einem übersehenen, einem Gott-verlassenen Ort geworden. Der Segen vergewissert mich, dass Gott hinsieht. In allen ihren Umläufen ist die Welt von ihm getragen. Noch immer lässt er sein Angesicht über ihr aufgehen wie die Sonne am Morgen.

> „Gott sieht hin, auch wenn die Welt manchmal gottverlassen scheint."

Gewiss, es bleibt bei Verletzung, Krankheit und Tod. Aber wir legen unsere Welt Gott in die Hände, und er nimmt sie auf. Ich denke an Jakobs Kampf am Jabbok. Hinkend geht er davon. Die Kämpfe des Lebens hinterlassen Spuren. Aber innerlich ist er geheilt und bei einem neuen Namen gerufen. Die Zukunft breitet sich als eine Verheißung vor ihm aus.

So begleitet mich der Segen, den ich gehört habe, hinaus in den Tag. Es klingt in mir nach, wie der Herr sein Angesicht erhebt. Ich hoffe darauf auch dort, wo uns das Hinsehen zu viel wird. Als Kain seinen Bruder Abel erschlägt, senkt er den Blick. Wir schlagen die

Augen nieder vor Scham, vor Reue oder weil man Situationen nicht mehr aushalten kann.

Gott hebt sein Angesicht über das, was nicht mehr ansehbar ist. Wie könnte er sich abwenden? Wie sollte er den Blick senken? Nichts wird dann mehr heil. Sein Hinsehen kostet wohl alle Liebe der Welt, aber das ist die Währung, in der er bezahlt. So geht sein Friede über alle Vernunft. Er beginnt zu wirken, wo ich ihn mir gesagt sein lasse. Er stimmt mich zum Leben. In ihm bin ich getragen.

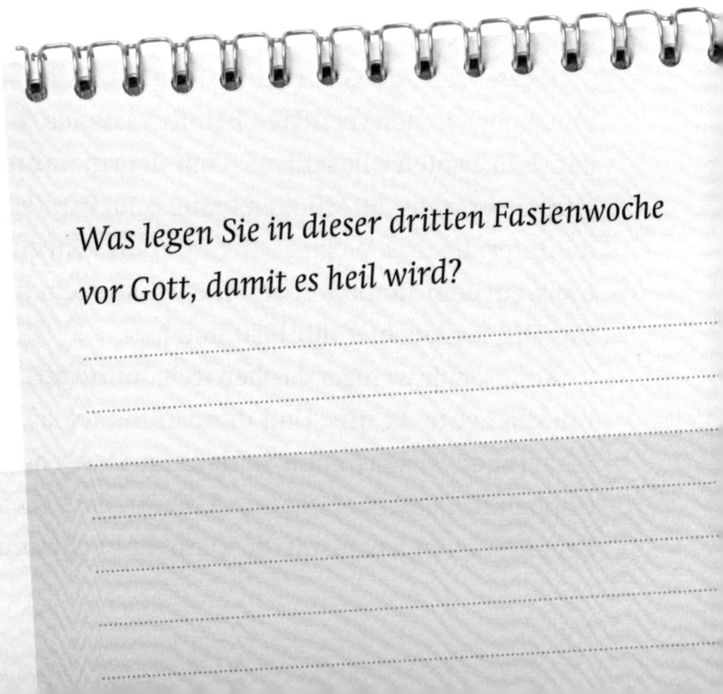

TRACHT TRAGEN, EIN SEGEN

Andreas Malessa

Das christliche Abendland läge in den letzten Zügen, hatte der Schlipsmann vorhin zu Leon gesagt. Beim Schnuppertag für Praktikumsinteressierte und künftige FSJler im evangelischen Krankenhaus. Eigentlich ist Leon nur hingefahren, weil seine Freundin Sabrina dort ihre Ausbildung zur Krankenschwester machen wird. In ihrer Nähe oder gar im selben Wohnheim könnte Leons „freiwilliges soziales Jahr" doch besonders frei und willig werden, hofft er. „Ihre Freundin ist unsere einzige normaldeutsche Bewerberin", hatte der Personalchef hinzugefügt, als sei das ein Qualitätsmerkmal.

Letzte Züge, denkt Leon, das stimmt. Er hat es so grade noch in den versifften Bahnhof geschafft, aber auf dem blauen Bildschirm hoch überm Bahnsteig gegenüber steht „50 Minuten später", am Parallelgleis dahinter die drei Wörter „Zug fällt aus". An seinem Gleis, auf dem Monitor über seinem Kopf, steht nichts. Das Display leuchtet nur blau und leer.

Komisch. Je weniger da oben steht, umso öfter starren die Leute da hin. Und dann hinunter auf ihre Smartphones. Was auch schlanken Menschen ein Doppelkinn beschert. Niemand merkt, dass Leon dabei die Starrenden anstarren kann. Er guckt einfach gern, wie andere gucken. „Du sammelst Augen-Blicke?“, hatte Sabrina mal gefragt. „Ich schaue nach, wo andere hinschauen, na und?“, hatte er geantwortet. „Statt mich über die Bahn zu ärgern, gucke ich Menschenzoo. Kostet nix und ist lustig.“ „Von Angesicht zu Angesicht“, hatte Sabrina gespottet.

Vier, fünf junge Typen schlendern heran. Orientalisches Aussehen. Akkurat getrimmte Frisuren und Bärte, eine Baseballkappe, zwei Muskel-T-Shirts, auch Kapuzensweater. Drei Jungs in makellos schneeweißen Sneakern, zwei barfuß in Badeschlappen. Eine Truppe, die mindestens Argwohn, manchmal Angst auslöst. Kraftstrotzende, rauchende, laut palavernde Stressmacher.

Leon vermeidet jeglichen Blickkontakt, dreht sich halb weg, tut so, als gäbe es wichtige Pushnews im Handy. Aus den Augenwinkeln kriegt er mit, dass sie zwei Frauen hinterherfeixen. Auf Pumps an ihnen vorbeigestöckelt, in figurbetontem Etuikleid die eine, in transparent sandfarbener Bluse die andere. Businessfrauen wie aus der Fernsehwerbung. Elegant, subtil sexy, aber für die Jahreszeit sehr luftdurchlässig, denkt Leon, während die Damen zum Gleisabschnitt für die erste Klasse weitergehen.

„Du sammelst Augen-Blicke?“, hatte Sabrina gefragt.

Nein, kein Pfiff. Von keinem der Kerle. Natürlich nicht. Nur dieses halb belustigte, halb empörte Kopfschütteln, das Leon noch von seinem Opa her kennt. Der war Studienrat, in Strickjacke und Lodenmantel. Deutschland in den letzten Zügen, also jetzt mal sittlich gesehen, hätte Großvater gesagt.

Von der Stirnseite des Kopfbahnhofs nähern sich zwei Ordensfrauen. Katholische Trachtengruppe, sagt Leon in Gedanken. Dass ihre Kleidung „Habit“ heißt, weiß er nicht. Oder es sind Diakonissen, evangelisch. Zwei solcher Pinguine hatte er heute morgen im Krankenhausfoyer gesehen. Altersbedingt leicht vornübergebeugt tapern sie heran. Unter den festgetackerten weißen Hauben drängt hellgraues Haar hervor. Schwarzer Überwurf, anthrazitdunkler Glockenrock. Die eine trägt eine Aktentasche, wie Leons Grundschullehrer sie hatte. Die andere einen Coffee-to-go-Becher. In welchem Schuhgeschäft findet man diese breiten schwarzen Treter, fragt sich Leon. Vielleicht gibt's einen Onlineshop für Sicherheitsschuhe in kirchlichen Einrichtungen?

> “Das Christliche in den letzten Zügen?”

Da – wie auf Kommando drücken die Kerle ihre Selbstgedrehten aus und „nehmen Haltung an“, hätte Leons preußischer Opa gesagt. Die Körpersprache der

Jungs signalisiert eine Art erwartungsvollen Respekt, eine „Reiß dich zusammen"-Message und, ach guck, die zwei alten Damen bemerken diese plötzliche Habachtstellung. Sie gehen auf die Gruppe zu. Die Nonne mit dem Kaffee in der Hand spricht einen von ihnen an. Leons Neugier steigert sich zum hemmungslosen Hinübergaffen: Der Typ schlägt die Kapuze zurück, nimmt die Baseballkappe ab und deutet – das gibt's doch nicht – eine Kopfneigung an!

Er „macht einen Diener", hätte Opa gesagt. Man plaudert. Man lacht. Leon kann nicht hören, was sie reden, aber der ganze Move da vorne strahlt irgendwie Frieden aus. Freundlichkeit, Entwarnung.

Jetzt holt die zweite Nonne ein Handy aus ihrer speckigen Aktentasche. Eifriges Tippen in der Runde. Tauschen sie etwa Nummern aus? Offensichtlich. Als die Einfahrt des verspäteten Zuges angekündigt wird, streicht die Ordensfrau dem jüngsten der Jungs über die Wange! Als wäre sie seine Oma. Seine staunenden Augen leuchten, kann Leon sehen. Die anderen heben den „Like it"-Daumen. Der Zug fährt ein.

Vielleicht gibt's das Christliche im christlichen Abendland ja auch in den letzten Zügen, denkt Leon und steigt ein.

WAS MICH LEUCHTEN LÄSST

Thorsten Latzel

Es gibt Sätze, die mich ein Leben lang begleitet haben. Der alte Segen Israels ist einer davon. Er steht am Ende eines jeden Gottesdienstes. Egal, wie inspirierend oder langweilig die Predigt war, egal, ob mich die Lieder oder Texte angesprochen haben oder nicht: Zum Schluss werde ich mit diesen Worten gesegnet – gemeinsam mit allen anderen: Der HERR segne dich und behüte dich; der HERR lasse sein Angesicht leuchten über dir und sei dir gnädig; der HERR hebe sein Angesicht über dich und gebe dir Frieden. Diese Sätze sind für mich Höhepunkt und Schlussakkord jedes Gottesdienstes. Das reicht mir oft für eine ganze Woche.

Das alte Segenswort wird meist als „aaronitischer Segen" bezeichnet. Genauer gesagt, ist es eigentlich der Segen, den Gott selbst formuliert und Mose gesagt hat. So, sagt Gott, sollen Aaron und seine Söhne die Israeliten segnen und „meinen Namen Gottes auf sie legen". Es sind Wirkworte, in denen Gott wohnt: So will ich, Gott, euch segnen, wenn ihr einander segnet. Und ich bin dankbar, wenn ich mich einfach in die alten Worte fallen lassen kann – ohne irgendwelchen kreativen Neuformulierungen nachsinnen zu müssen.

Das „Du" richtet sich dabei an das Volk Israel, nicht an eine oder einen Einzelnen. Es nimmt mich mit hinein in die lange Geschichte des Glaubens. Sechs kurze Sätze, Wunsch und Zuspruch des Segens Gottes in einem. Die Fülle der Segensworte hüllt die ganze Gemeinde förmlich ein: Gott „segne dich", „behüte dich", „lasse leuchten über dir", „sei dir gnädig", „hebe über dich", „gebe dir Frieden". Gemeinsam mit allen anderen stehe ich in der heilvollen Wirklichkeit Gottes.

Ein Begriff fällt dabei besonders auf, weil er gleich zweimal vorkommt: das „Angesicht" Gottes. Wenn ich die Segensworte selbst spreche, muss ich aufpassen, hier nicht durcheinander zu kommen. Gott wendet sich uns liebevoll zu. Darin besteht das Wesen des Segens. Vielleicht erinnern Sie sich daran, wie Sie von einem anderen Menschen in einem Moment tiefster Liebe angeblickt worden sind. Dann ahnen Sie etwas davon, was es heißt, wenn Gott als die Liebe selbst sein Angesicht über Ihnen leuchten lässt. Gemeinsam mit anderen im Glanz dieser Liebe zu leben, das macht mein Leben tiefer, höher, weiter, reicher, heller. Und manchmal, manchmal verwandelt sich dabei selbst die eingegrabene Sorgenfalte auf meiner Stirn, zumindest für eine Weile. Nichts macht mein Gesicht schöner, als von Gott angesehen und tiefengeliebt zu sein. Gottes Segen verleiht unserem Leben einen anderen Glanz.

WAS MICH TRÄGT

Christina Brudereck

Leidenszeit.
Erinnerung.
An Jesus von Nazareth.
Die Tradition verschweigt nicht
Schmerzen und Schrecken.
Wahrhaftig, so ist das Leben.
Ich finde mich wieder.
Und es flüstert aus uralter Zeit:
Gott segne dich.
Wir sind nicht allein.

Krisenzeit.
Opfer.
So viele Ängste.
Einsamkeit. Gewalt. Erschöpfung.
Die Luft geht uns aus.
Ich fühle mich oft ohnmächtig.
Aber es flüstert aus uralter Zeit:
Gott behüte dich.
Wir behüten uns nicht nur selbst.

Trauerzeit.
Vermissen.
Sehnsucht nach Wärme.

Nach deinem Gesicht, das mich anstrahlt.
Und ich höre eine Stimme:
Gottes Antlitz hülle dich in Licht.
Es gibt Licht über uns hinaus.

Reuezeit.
Fehlen.
Die Liste unserer Toten ist lang.
Wütendes Feuer.
Wasser über Grenzen.
Viele müssen fliehen
vor Hunger und Krieg.
Aber ich höre auch eine Stimme:
Gottes Antlitz sei dir zugeneigt.
Gelöst wollen wir lösen.

Zwischenzeit.
Tragik.
Aushalten. Bangen.
Ich will nicht wegsehen.
Hinsehen bedeutet Ansehen.
Gesichter vor Augen,
bete ich, mit vielen verbunden:
Gottes Antlitz wende sich dir zu.
Zugewandt leben wir.

Vertrauenszeit.
Bis in Ewigkeit.
Gott hat auch mit dem Tod zu schaffen.
Kennt Tränen und Verzweiflung.
Ist in den Nöten besonders nah.
Die Liebe kommt am Leid nicht an ihre Grenze.
Offenbart sich hier in besonderer Weise.

Und ich bete, mit vielen verbunden.
Und ich höre eine Stimme.
Und es flüstert aus uralter Zeit:
Gott schenke dir Frieden.
Amen. Der Segen werde wahr mit uns.

MEIN SCHWERELOSES BETT

Christian Engels

Lange Zeit bin ich spät schlafen gegangen. Ich fand keine Ruhe. Das war schon so, als ich noch ein Junge war. Ich litt unter dem, was man heute FOMO nennt, Fear of missing out. Die Angst, etwas zu verpassen. In meinem Kopf raste es. Aber in manchen Nächten meiner Kindheit verbrachte ich die schlaflose Zeit mit einem Spiel. Das ging so: Mein Bett konnte schweben. Und ich flog darauf wie auf einem Zauberteppich, wie ich es in dem Comic „Little Nemo" gesehen hatte. Ich musste mich festhalten, während ich durch die Luft wirbelte, was mich immer unterhielt. So trug mich mein schwereloses Bett irgendwann doch in den Schlaf. Im Grunde ist es so geblieben.

Mich tragen schwerelose Dinge, Hoffnungen, Ideen, Träume, Versprechen. Dieses Bett ist leichter als ein Spinnennetz, aber es hat mich schweren Mann in vielen Krisen getragen, nach Unfällen, Trennungen und geplatzten Plänen.

Das Bett besteht aus ein paar Takten eines Chansons von Charles Aznavour, aus einer Stummfilmszene mit Buster Keaton, aus der Nordseeküste auf Sylt. Es ist keine feste Überzeugung, kein großer Gedanke, es sind viele solche kleinen Dinge, die ich in meinem Leben aufgeschnappt habe und die aus den unterschiedlichsten Gründen in mir hängengeblieben sind und ein Bett aus vielen kleinen Teilen bilden. Vor allem sind es immer wieder Momente und Situationen meiner Kindheit. In all dem finde ich etwas, das mich begeistert, das mir zeigt, was das Leben sein kann, was Menschen leisten können, was ich mir für mein Leben wünsche. Immer, wenn es auch heute noch in meinem Kopf rast, wenn ich nicht zur Ruhe komme, trägt mich etwas wie ein schwereloses Bett, ein Spiel.

„In allem finde ich etwas, das mich begeistert."

Ein Spiel hat mir damals geholfen, und noch heute trägt es mich, wenn ich mich auf ein Spiel einlassen kann. Das bedeutet nicht, dass ich nichts ernst nehme, sondern dass alles auch anders sein kann, dass alle Regeln sich ändern können, dass sich auch die Rollen, die ich einnehme, ändern können. Ich kann von mir selbst etwas Abstand nehmen. Das habe ich aus meiner Kindheit in mein Erwachsenenleben gerettet, und ich bin sicher, dass es den meisten Menschen so geht, auf ihre je eigene Weise.

Und wenigstens ich fühle mich immer noch auf dem schwerelosen Bett aus Hoffnungen, Ideen, Träumen und Versprechen getragen, und es trägt mich nicht nur in die Nacht und den Schlaf, sondern auch in das Leuchten des Tages.

ES WIRD ALLES GUT

Miriam Hackländer

Es wird alles gut.

Das ist mein Satz in schweren Zeiten. Ich flüstere ihn, ich denke ihn, ich bete ihn. Es wird alles gut, bedeutet: Das ist nicht das Ende. Es wird weitergehen. Ich schenke ihn, jedes Mal mir, jedem meiner Freunde, wenn es ihnen schlecht geht, und hiermit schenke ich auch dir:

Es

Ich sehe all das, was dich gerade bedrückt, ja, dich zu zerstören droht. So viele Dinge. Ich nenne diese Menge „Es". Und ja, „Es" ist vielleicht der Tiefpunkt. Aber all das hat gerade einen Namen und somit eine Begrenzung bekommen. „Es" ist nicht unendlich. Und es …

Wird

… es wird. Denn das ist nicht das Ende. Alles ist im Wandel und verändert sich. Jeder Schmerz hat die Chance uns etwas beizubringen, über uns selbst, über unseren Umgang, über unsere Lebenssituation, es ist die heftigste Einladung zur Veränderung.

Alles All das, was dich bedrückt – ich habe für all das Hoffnung. ALLES. Jedes Gefühl, jede Situation, jede Sorge. Alles. Das ist vielleicht das schwerste Wort. Vielleicht würdest du gerne rufen: Wie, wie soll „alles“ gut werden? Aber es wird. Denn wenn du der Einladung zur Veränderung folgst, wirst du merken, dass alles gut sein wird. Ich selbst habe Tage erlebt, an denen ich nicht daran geglaubt habe, aber den Satz dennoch vor mich hingesagt habe. Aus Hoffnung. Heute, aus der Erfahrung, dass es sich wirklich wendet, sag ich mit Überzeugung: Alles. Und ich glaube daran.

Gut „Gut“. Auf dem Wort liegt die Betonung, die Wärme, die Hoffnung. Gut, also schön, lebensfroh und hell. Besser, besser als jetzt.

„Und Gott sah, dass es gut war.“ (Gen 1,12) Gott war zufrieden mit dem Ist-Zustand, und wir können das auch erreichen. Nicht jetzt. Nicht morgen. Aber bald. Und bis dahin … halte dich fest an den tröstenden Worten: „Es wird alles gut.“

Was mich trägt – konkret

Beate Hofmann

Es ist spät abends, als mein Telefon klingelt. Ich habe Rufbereitschaft. Es ist die Intensivstation, die nach einer Seelsorgerin verlangt. Ein Patient liegt im Sterben, und seine Angehörigen wünschen sich seelischen Beistand. Meine Tasche ist gepackt, das Auto startklar. Innerhalb von dreißig Minuten bin ich vor Ort. Es ist jedes Mal von Neuem eine Herausforderung, denn ich weiß nicht, wen ich vorfinde, was die Menschen konkret erwarten und ob ich für sie etwas tun kann, das ihnen hilft, das Schwere zu tragen.

Bei meiner Einführung schenkte mir ein lieber Kollege Worte, die ich in solchen Situationen im Herzen trage. Er sagte: „Es braucht eine Verzögerung, bevor du den Raum betrittst, einen Blick auf die Schwelle, die man nicht sieht, die es aber zu überschreiten gilt. Einen Blick nach unten: Ja, ich stehe fest, mit beiden Beinen geerdet. Einen Blick zur Seite: Es gibt noch andere Menschen, die hier mit beteiligt sind und ihr Bestes geben. Einen Blick nach innen: Ich bin bereit für das, was ich jetzt tun muss, und ich trage alles, was ich dafür brauche, in mir. Schließlich einen Blick nach oben: ein tiefes Zutrauen, Gott ist da, was auch immer jetzt geschehen wird.“

Unwillkürlich atme ich tief durch, als ich den Aufzug verlasse und den Eingang zur Intensivstation passiere. Es ist ein gutes Gefühl, jetzt hier zu sein, erwartet zu werden und zu spüren: tief in meinem Inneren bin ich getragen. Diese Haltung ist es, die es mir ermöglicht, mich dem Schmerz, der Verzweiflung, dem Leid oder den Sorgen anderer Menschen zu stellen und an ihre Seite zu treten.

> “ Tief in meinem Inneren bin ich getragen. ”

Der diensthabende Arzt bringt mich zum Bett des Patienten und erzählt mir noch auf dem Weg, dass dieser seit dem Nachmittag nicht mehr ansprechbar sei und weder auf die Pflege noch auf die Anwesenheit seiner einzigen Tochter reagiert. Er ist offensichtlich in einem Stadium, wo ihn unsere Worte kaum noch erreichen.

Ich spreche mit den Angehörigen, lasse mir erzählen, was ihnen wichtig ist. Was sie an ihrem Vater schätzen und dass sie es so bedauern, ihm nicht mehr alles sagen zu können, was ihnen auf dem Herzen liegt. Aber einen Segen für den Sterbenden, einen Segen, der ihn und der sie in ihrer Trauer begleitet, den wünschen sie sich sehr.

Ich schaue auf die blinkenden Monitore und weiß, wir haben nicht unendlich Zeit für ein Ritual des Abschieds. Es ist schwer, in solch einem Moment, die richtigen Worte für das jeweilige Gegenüber zu finden. Ich lerne jedes Mal neu, gut hinzuhören, wahrzunehmen, und ich ringe um das, was der Situation angemessen ist.

Gebete sind daher niemals vergleichbar, sondern immer einzigartig. Doch der Segen, den ich dem sterbenden Menschen mitgeben kann, der ist in der Regel gleich. Ich nutze eine Variation der uralten Segensworte aus dem vierten Buch Mose.

> “ Der Herr segne dich und er behüte dich. ”

Und so lege ich auch an diesem Abend dem Mann ganz sanft meine Hand auf das silbrige Haar und schaue ihn direkt an, als ich ihm zuspreche: Der Herr segne dich und er behüte dich. Gott lasse sein Angesicht leuchten über dir, dass hell wird, was im Dunkel liegt, und du loslassen kannst, was dir gelungen und auch was nicht so geworden ist, wie du es dir erhofft hast. Gott sei dir gnädig. Er wendet dir sein Angesicht zu, er leitet dich ins Licht und schenkt dir seinen Frieden

Noch bevor ich „Amen“ sagen kann, schlägt er unverhofft die Augen auf. Und er schaut mich vollkommen wach, orientiert und fast ein wenig schelmisch an. Ich sage ihm, dass seine Tochter, sein Schwiegersohn und ich als Seelsorgerin hier sind, um ihn zu begleiten in seinen letzten Stunden, und ihm Gottes Segen zusprechen wollen. Er nickt leicht, schaut dann seine Tochter an, und diese kann ihm noch einmal voller Liebe sagen, was er für sie bedeutet und dass sie ihn in Frieden gehen lassen kann.

> „Getragen von der großen Kraft des Lebens."

Es ist ein unfassbar schöner Moment, in dem wir uns getragen wissen von einer großen Kraft des Lebens. Als ich schließlich „Amen" sage – so sei es –, schließt er die Augen, und er atmet tief und ruhig aus, während die Geräte anzeigen, dass er seinen letzten Atemzug getan hat. Es ist nicht nur still in dem Raum zwischen all den Apparaten, es ist ein großer Frieden mitten unter uns.

Coaching-to-go-Tipps für Rituale, die tragen:
Was uns trägt, kann sehr verschieden sein. Hier drei Ideen, die ich im Coaching nutze und die viele Menschen als hilfreich erleben.

1. Einfach raus! Es gilt immer wieder, dass Natur in ihrer Vielfalt der Seele und dem Körper guttut. Mit allen Sinnen ganz präsent zu sein, gilt als eine der besten Therapien für Trauer, Ärger, Unsicherheit. Denn Natur wertet niemals, aber sie schenkt uns das tiefe Gefühl von Verbundenheit und stärkt uns, dadurch die Seele.
2. Lernen Sie einen Psalm auswendig, dessen uralte Worte eine Art Mantel bilden, in den wir uns hüllen können, wenn wir geängstigt oder in Sorgen sind. Es tut sehr gut, sich mit der Trostkraft anderer Menschen zu verbinden und nicht nachdenken zu müssen, was jetzt angemessen und sinnvoll ist.
3. Legen Sie sich eine kleine Schatzkiste an, in der Sie Gegenstände aufheben, die Sie an bewältigte Schwierigkeiten oder an kraftspendende Momente in ihrem Leben erinnern. (Beispiel: eine Feder, ein Ring, ein Brief von einer lieben Person, ein Schlüssel oder ein Text – es zählt das, was Sie selbst stärkt.)

Hier können Sie Ihre Lieblingsverse aus Ihrem Herzenspsalm aufschreiben:

7 WOCHEN OHNE

Und wie ich strahle! / 4

Ihr seid das Licht der Welt. Es kann die Stadt, die auf dem Berge liegt, nicht verborgen sein. Man zündet auch nicht ein Licht an und setzt es unter einen Scheffel, sondern auf einen Leuchter; so leuchtet es allen, die im Hause sind. So lasst euer Licht leuchten vor den Leuten, damit sie eure guten Werke sehen und euren Vater im Himmel preisen.

Matthäus 5,14–16

Und wie ich strahle!

Ralf Meister

BIBLISCHE MINIATUR
ZU MATTHÄUS 5,14–16

„Du hast jeden Raum mit Sonne geflutet", singt Herbert Grönemeyer über seine Frau, „hast jeden Verdruss ins Gegenteil verkehrt. Nordisch nobel, deine sanftmütige Güte, dein unbändiger Stolz, das Leben ist nicht fair."

Ich erinnere mich an Menschen, die, wenn sie eintreten, eine besondere Präsenz haben. Sie erfüllen den Raum mit ihrer Anwesenheit. Es bereichert, was sie ausstrahlen. Manche anderen, die auf ihre Wirkung besonders bedacht sind, erreichen eher das Gegenteil. Gerade die sich für das Licht der Welt halten, sind es selten gewesen. Oft haben sie Schatten heraufgeführt.

„Lasst euer Licht leuchten." Ich stelle mir vor, ich erreiche im Dunkeln die schützende Berghütte. Neben der Tür liegen Kerzen bereit und Streichhölzer. Der Docht fängt Feuer. Ich stelle die brennende Kerze auf den Fußboden. Dann greife ich einen Eimer, stülpe ihn über die Kerze und stelle fest, dass ich wieder im Dunkeln stehe. Die Absurdität ist offensichtlich. Nicht nur, dass die Kerze unter dem Eimer ausgehen wird, ihr Licht ist gefangen und kommt nicht darunter hervor.

> „Jeder verkörpert etwas. Jeder leuchtet."

Licht leuchtet. Es ist zum Leuchten da, weil es Licht ist. Ebenso gibt es keinen Menschen, der nicht Wirkung hat durch sein eigenes Menschsein. Jeder verkörpert etwas. Jede stellt etwas dar. Ich vermute, von den Anfängen her ist es eigentlich eine Lebensgestimmtheit, die Fähigkeit zur Liebe und der Wunsch nach Gemeinschaft. Helles Lebenslicht. Leider kann das Anfängliche korrumpiert werden. Manche werden grell. Andere wollen gefährlich sein. Dann bewirken sie mit ihrem Erscheinen Argwohn und Angst.

Leuchtet! Verbergt euch nicht. Umgebt euch nicht mit falschem Schein. Ich höre heraus, wie gut es ist, wenn Menschen durch das, was sie einfach sind, Licht geben. Alle haben dieses Potenzial, denn unser Herkommen ist die Liebe des Schöpfers. Sie könnte durchscheinen.

„Dein sicherer Gang, deine wahren Gedichte. Deine heitere Würde, dein unerschütterliches Geschick." Wir sind mit Einzigartigkeit in dieser Welt. Ohne uns damit zu überhöhen und ohne uns zu verstecken. Als Menschenlichter, die nichts anderes tun als das, was sie sind. Authentisch, wahrhaft, ehrlich, mit einer besonderen, unverwechselbaren Gegenwart. „Und wie ich strahle!", ließe sich ausrufen. Weil Licht eben leuchtet. Der Raum könnte hell werden – in den Augen der Liebe wie mit Sonne geflutet.

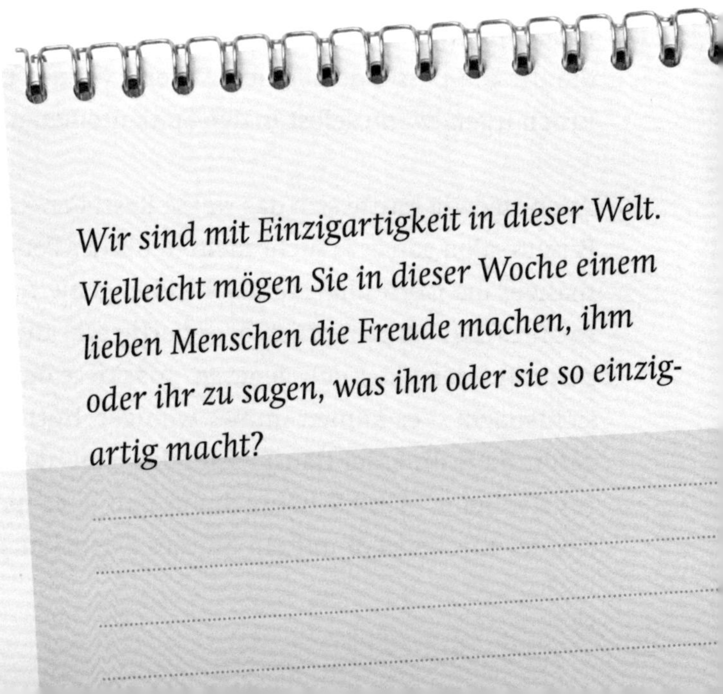

THIS LITTLE LIGHT OF MINE

Andreas Malessa

Im Supermarkt war von vier Kassen nur eine besetzt. Sein Lieblingsitaliener hatte die Hälfte der Tische mit Signalband abgesperrt. Die Hausärztin ließ per Telefonschleife wissen, man möge Rezept- und Terminwünsche bitte mailen. Die Mails las dort aber niemand. Um die kaputte Spülmaschine könne er sich in vier Wochen kümmern, sagte der Klempner. Das alles erklärende Schlagwort lautete überall: Personalmangel. Postcoronesische Mitarbeiterschwindsucht.

„Wo sind die alle hin?“, maulte Herrmann beim Nachhausekommen, „im Baumarkt müsste man Kriminalkommissar sein, um eine Zielperson zu finden, die dir die passende Schlauchschelle verkauft.“ Er kroch irgendwann selbst in den Spülautomaten.

Auch Hedwig raufte sich das weiße Resthaar – ihren Friseursalon gab es ja nicht mehr –, als der Personalmangel die Gottesdienste der Kirchengemeinde erreichte: Egal, ob glimpflich oder heftig erkrankt, oft geimpft oder glücklich genesen, maskiert oder gesichtsnackt – es kamen immer weniger. Herrmann zählte die Stühle, der Hausmeister die Köpfe, der Pfarrer die Beine. Alles Schönrechnen half aber nichts: Als der Kirchenchor auf ein dünnes Doppelquartett geschmolzen war, bat ihn die junge Kantorin, er möge sie doch öfter vertreten. Sie, die das Kürzel KMD wie einen Namen im Pass vor sich hertrug, die Frau Kirchenmusikdirektorin! Fragte ihn, den pensionierten Maschinenbauingenieur?!

„Nicht oben an der Orgel. Am Keyboard vorne reicht schon. Zwei, drei Choräle sonntagmorgens, den Gemeindegesang begleiten und den Choristen Einsätze zuwinken – Sie können das!“, hatte sie vom Rennrad herunter gelächelt und im Wegradeln irgendwas vom Licht unterm Scheffel gerufen. Also, dass er seins da nicht hinstellen solle.

> “Herrmann konnte vieles gut. Aber Klavier spielen?”

Herrmann konnte vieles gut. Ausflüge und Urlaube organisieren; im Haushalt provisorisch reparieren, was klemmte, quietschte oder schwieg. Er konnte vegetarisch kochen und trotzdem mal fett grillen. Aber Klavier spielen? Konnte er so lala, so „für den Hausgebrauch“, wie er bescheiden hinzufügte. Im Haus brauchte man es aber gar nicht oft. In der Kirche neuerdings jeden Sonntag.

Seine liebe Gattin ermunterte ihn mit dem Sprichwort, unter den Blinden sei der Einäugige König. Ja, dankeschön. Aber wenn Frau Kirchenmusikdirektorin jetzt schwanger sei – von wem eigentlich, fragte sich Hedwig – und in Elternzeit gehe, dann sei Herrmanns hausgebräuchliches Talent doch quasi eine Investition in die Zukunft der Kirche! Mitte siebzig sei doch keine Ausrede, wenn alle anderen entweder in der Rushhour des Lebens oder in Quarantäne oder Gott weiß wo seien.

Warum er morgens keine CDs von Igor Levit, Lang Lang oder Daniel Barenboim mehr einlege, nicht mal Keith Jarrett oder Jamie Callum, wollte sie irgendwann wissen. „Schön, aber entmutigend", brummte Herrmann.

Dann merkte sie und sagte es nicht, dass er Kinder- und Volkslieder, ein paar einfache romantische Sätze des 19. Jahrhunderts und schließlich Schlager und Gospels übte, sobald sie, Hedwig, nicht da war. Dass er im Lauf der Wochen weniger knatschig aus der Stadt nach Hause kam, kaum noch meckerte, nicht mal nach Behördengängen. Dass er mit strahlendem Grinsen dem sauteuren Klavierstimmer ein sattes Trinkgeld draufgelegt hatte.

Die Pfarrerin und ein paar Kirchgänger bedankten sich artig, lobten ihn höflich, und der Rumpfchor sang an hohen Feiertagen und bei Beerdigungen, was halt vierstimmig gerade noch ging.

Aber Moni, seine Tochter, und Schwiegersohn Jannik und Enkel Tamino bei dessen achtem Geburtstag – die applaudierten mit leuchtenden Augen und offenen Mündern, als Herrmann richtig groovig rhythmisch „This little light of mine" ins Zimmerpiano hämmerte. Hedwig stand hinter ihm, eine Hand in seinem Nacken, und dachte an eine Glückwunschkarte, die er mal bekommen hatte: „Für die Welt bist du nur irgendjemand. Aber für irgendjemand bist du die Welt."

Was ist Ihr „little light"? Was können Sie richtig gut, so dass es Sie und andere zum Strahlen bringt?

MUT ZUM LEUCHTEN

Tobias Petzoldt

Dass wir das Licht der Welt sind, sagt Jesus. Wir. Damit die Leute unsere guten Werke sehen, weil darin ein Stück von Gott aufscheint, das zum Frohsein und zum Lobpreis einlädt. Ein Lebensauftrag also für alle Jüngerinnen und Jünger, und auch für unsere manchmal etwas drögen und eher mittelmäßig begeisternden Gemeinden. Auch und vor allem deshalb, um von denjenigen, die im Dunkeln tappen, gesehen zu werden. Um Orientierung und Licht zu geben in einer allzu oft finsteren Welt. Von Gott angezündet, ist es Teil unserer Verantwortung, dass unser Licht brennt, brennen bleibt und von weitem gut gesehen wird.

Wie kann das praktisch aufscheinen? Gott hat uns individuelle Gaben mitgegeben. Die dürfen wir sehen und annehmen, jede und jeder. Ist „unser Licht" nicht auch das, was wir gut können, nämlich unsere Stärken, mit denen wir uns selbst und anderen dienen dürfen? Dieses Licht tragen wir in uns. Jetzt gilt es, dies zu erkennen, für uns selbst zu definieren und Wachstum zu ermöglichen. Was kann ich gut? Was macht mir Freude? Und werde ich selbst froh und reich, wenn ich tue, was ich gut kann? Wenn ich das zeige und auch für Gottes gute Sache einsetze? Und eben nicht verberge unter einem „Scheffel".

Ein Scheffel ist ein früheres Getreidemaß, dessen Aufgabe es war, Getreide abzumessen und zu transportieren. Es dient darum nicht einmal dem Scheffel selbst, wenn ich mein Licht unter ihn stelle. Das Bild hat mit einer unberechtigten Vorsicht zu tun. „Was, wenn jemand mein Licht sieht?“ Anstatt der Freude zu leuchten, haben wir Angst vor dem, was sein könnte. Vielleicht vor der Verurteilung durch die Neider. Oder davor, zu sehr mit den eigenen Grenzen konfrontiert zu werden. Oder aus falscher, berechtigter oder anerzogener Bescheidenheit. Solche Zweifel aber bringen nichts und niemandem etwas und sind nicht das, was uns aufgetragen wird.

Stattdessen heißt es zu leuchten, auch mal laut zu werden, sich für Veränderung einzusetzen oder einem Lampionumzug gleich voranzugehen. Die Frage danach, woher mein Selbstbewusstsein kommt, mein Licht auf den Leuchter zu setzen, stellt Jesus nicht. „Mach einfach.“ Das lässt auf viel Vertrauen schließen. Jesus vertraut uns Gaben an, und wir dürfen ihm und uns selbst vertrauen, sie mit Herz und Intelligenz einzusetzen. Manchmal überraschen wir uns auch selbst, indem wir einfach einmal losstrahlen.

Vielleicht sind wir auch begeistert und entzündet durch andere. Denn wir sind nicht allein unterwegs. Wir sind Teil einer 7-Wochen-Ohne-Gemeinschaft, wir gehen gemeinsam vom Dunkel ins Licht, und am

Ende wird hell die Osterkerze strahlen, läutet laut die Osterglocke, blüht gelb die gleichnamige Pflanze. Mit dieser Vorfreude auf die Osterfreude geht es bereits in dieser Woche um Freude. Die Freude, die wir empfinden, wenn uns ein Licht aufgeht. Wenn wir selbst ein Licht sein dürfen. Wenn wir das ausstrahlen, was Gott in uns gelegt hat, frei und froh und fröhlich auch. Was für ein Vorrecht, dass wir selbst der Leuchtturm für die Schiffe der Nacht sein dürfen.

> „Ohne unser Zutun kann unser Licht nicht leuchten."

Doch ohne unser Zutun kann unser Licht gar nicht leuchten. Wir müssen es zulassen, wir dürfen falsche Bescheidenheit und Zweifel ablegen. Dann sind wir zum Strahlen und zum Gesehenwerden berufen, sagt Jesus. Dann teilt Gott sein Licht mit uns. Licht bringt Sicht, Licht leuchtet, leuchtet uns voraus und aus uns heraus, leuchtet den Weg, die Richtung, das Ziel. So kann durch unser Sein und unser Wesen auch die Freude strahlen, mit Gott gemeinsam unterwegs zu sein. In diesem Leben und weit darüber hinaus. Denn die Anhängerinnen und Anhänger der Frohen Botschaft sind zur Freude berufen. Das dürfen wir auch gern immer neu unserem Gesicht sagen.

EIN HOCH AUF DIE KREATIVITÄT

Eva Jung

Design ist mein Steckenpferd: sich immer wieder in neue Themen einfuchsen, sich die dazu passende Kommunikation ausdenken, Logos entwickeln, Flyer, Webseiten, Filme, Poster gestalten … voll mein Ding. Wenn ich dann Menschen von meiner Arbeit erzähle, begegnet mir immer wieder eine Frage: „Kann man denn auf Kommando kreativ sein?“ Ja, man kann! Das geht genauso, wie man auf Kommando einen Berg besteigen kann. Step by Step.

Keine Frage, einen Hügel oder eine kleine Düne kann man auch ohne große Vorkenntnis erklimmen. Wer höher hinauswill, braucht Know-how, Ausrüstung, Kondition und eine sehr gute Vorbereitung. Vor allem aber – man muss auf den Berg raufwollen. Diese Voraussetzung wird oft vergessen und komplett unterschätzt.

So ist das auch mit der Kreativität. Wer professionell kreativ sein möchte, braucht Ausbildung, Training und gutes Handwerkszeug. Viele erzählen mir von sich, sie seien nicht kreativ. Aber das stimmt nicht. Jeder Mensch ist kreativ. Ausnahmslos! Und das sogar auf Kommando. Kreativität wird gern nur auf die schönen Künste reduziert. Doch das ist viel zu kurz gedacht. Kreativität ist unsere Fähigkeit, Probleme zu lösen, die sich uns direkt oder indirekt in den Weg stellen. Kreativität bedeutet, Wege zu (er-)finden, die uns das Leben einfacher und manchmal auch das Überleben möglich machen. Auch hier gilt, ähnlich wie beim Berg, man muss das Problem erkennen und lösen wollen. Wer sich auf die Herausforderung einlässt, wird unweigerlich seine Kreativität zum Einsatz bringen.

Wir sind einfallsreich. Denn wir sind Kinder eines kreativen Gottes. Wirklich? Gott ist oft nur bekannt dafür, allwissend, gerecht, richterlich, strafend oder bestenfalls gnädig zu sein. Unser Gottesbild ist leider häufig von Regelwerk – und nicht von großem Einfallsreichtum – geprägt. Dabei ist das Erste, was von Gott in der Bibel berichtet wird, ein kreatives Feuerwerk an Schaffenskraft. Alles entsteht in einem schöpferischen Rhythmus, zu dem ein wesentlicher Refrain dazugehört: „Und Gott sah, dass es gut war." Oder: „Und Gott sah an alles, was er gemacht hatte, und siehe, es war sehr gut." Lob – das Schwungrad der Kreativität.

Wir Menschen sollten uns viel häufiger daran erinnern, dass wir kreativ geschaffen wurden. Dass wir kreativ sind. Dass wir Kinder der kreativsten Quelle des ganzen Universums sind. Und dass wir sehr gut darin sind, Herausforderungen zu meistern. Ohne Kreativität wäre alles hoffnungslos. Wir brauchen sie dringend, um eine lebenswerte Zukunft zu gestalten. Welches Problem möchte heute von Ihnen gelöst werden? Sie sind kreativ, ein Hoch auf Ihre guten Ideen!

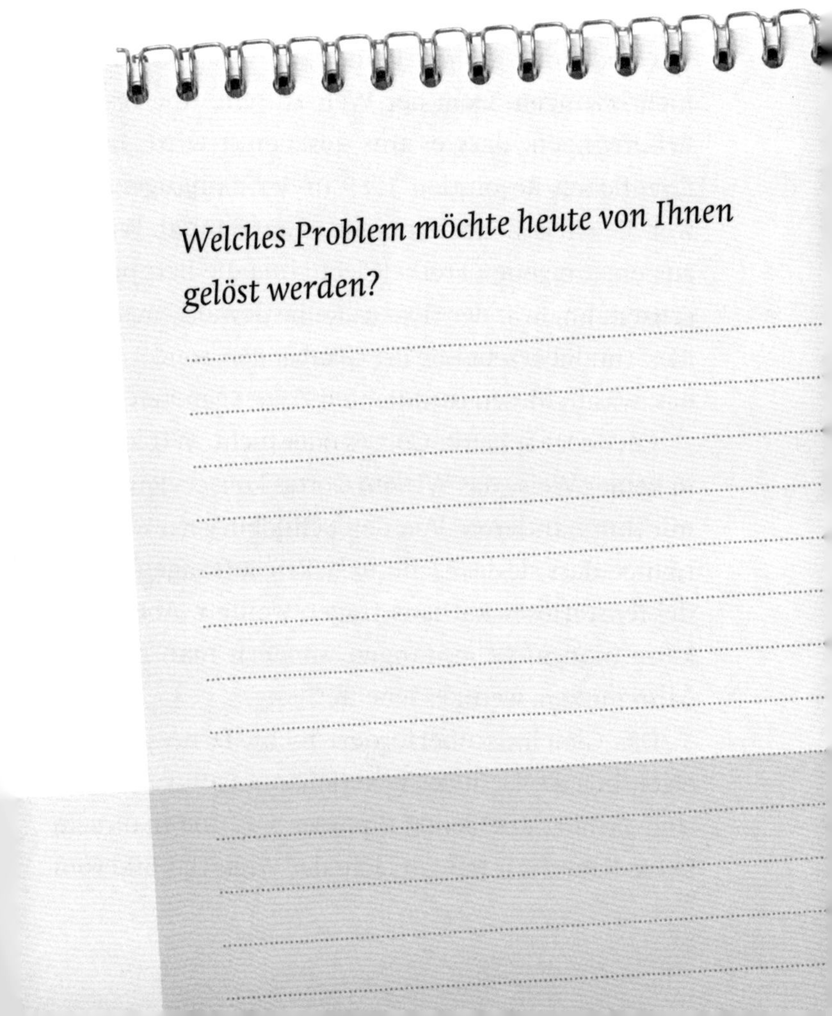

LICHT VOM LICHT

Hans-Jürgen Abromeit

Jesu Wort vom Licht der Welt meint diejenigen, die sein Wort damals und heute hören und ihm nachfolgen. Es braucht solche Menschen, damit die Erde leben kann. Es braucht diejenigen, die sein Wort hören und tun (vgl. Matthäus 7,26). Wir können uns nicht zwingen, Licht der Welt zu sein. Aber es gibt Erfahrungen, dass es uns geschenkt wird. In der Friedlichen Revolution 1989 in der damaligen DDR war die christliche Gemeinde es auf einmal. Weil sie aus einer eigenen Freiheit lebte und die Bergpredigt ernst nahm, war der Slogan „Keine Gewalt!" nicht nur die Grundüberzeugung der Glaubenden, sondern auch das, was in diesen turbulenten Zeiten geboten war.

Entweder schenkt Gott es oder nicht. Wir können in keiner Weise das Wirken Gottes konservieren und mit ihm hantieren. Von den Schildbürgern wird berichtet, dass sie das Licht in Säcken auffangen und in ihr fensterloses Rathaus tragen wollten. Aber Licht kann man nicht einfangen, sondern man muss es dann nutzen, wenn es leuchtet.

Das Gleichnis überfordert nicht. Denn Jesus ist eigentlich das Licht der Welt (Johannes 8,12). Aber wir sind „Kinder des Lichts" (Epheser 5,9), und in diesem Sinne haben wir teil am Licht der Welt. Das Bild vom

Licht, das auf einen Leuchter gestellt wird, damit es das Haus beleuchtet, zeigt, worum es geht. Jesus hat kein LED-Flutlicht im Sinn, sondern die bescheidenen Öllämpchen in einem Haus der Antike. Damit sie etwas besser leuchten, stellt man sie an einen möglichst hohen Ort oder hängt sie an die Wand. Es sind letztlich kleine Leuchten, haben aber trotzdem eine orientierende Wirkung.

> „Wir sollen nicht die ganze Welt beleuchten."

Wir kennen diese Wirkung vom Anzünden eines Zündholzes in einem völlig dunklen Raum. Zuerst ist es stockfinster, aber kaum ist das Licht entzündet, sehen wir das Nötigste. Jesus überfordert uns nicht. Wir sollen nicht die ganze Welt beleuchten, sondern nach der Maßgabe unserer Kraft an dem Ort, an dem wir leben, etwas von den guten Ordnungen Gottes deutlich werden lassen. Lebe in der Nachfolge, und die Menschen in deiner Umgebung werden Orientierung finden!

Jesus will uns locken, aus den Kräften, die Gott schenkt, zu leben. Wenn wir auf uns sehen und auf unsere Möglichkeiten, dann werden wir eher verzagen. Vertrauen wir aber auf seine Kraft, dann wird es uns gelingen, als „Licht der Welt" auszustrahlen. Wir sollen es nicht erst werden, wir sind es bereits.

LICHT DIESER WELT

Matthias Lemme

Du strahlst mit den Augen
Wenn du gesagt bekommst
Danke für den Abend
Danke für die Geduld
Danke für die Eierkuchen

Du strahlst mit der Art, wie du gehst
Wenn was gelungen ist
Ein guter Auftritt
Ein kompliziertes Manöver
Ein sanftes Geschenk

Du strahlst mit dem Herzen
Wenn du verbunden bist
Mit einer Landschaft
Mit einem Gleichgesinnten
Mit einer Liebe, die vom Himmel fiel

Und wenn du überhaupt nicht strahlst
Weil alles Asche ist
Als ob der Stecker gezogen wäre

Dann irrst du
Du strahlst trotzdem
Das hat Gott so eingestellt

Mehr als 100 Watt strahlst du aus
Selbst wenn du nichts tust
Und dreimal so viel
Wenn du dich bewegst
Was man damit alles machen kann

Sieben Zimmer ausleuchten plus Küche und Bad
Einer verirrten Dame den Weg erhellen
Mit ein paar Freunden Flure und Kathedralen
wärmen
Im Schlaf Gott loben
Warum auch nicht

Und wie ich strahle! – konkret

Beate Hofmann

Sie strahlt über das ganze Gesicht – das kleine Mädchen im lindgrünen Kleid, in der Hand eine Eiswaffel mit Schleckeis in Blau, Rot und Hellgelb. Ihr lachender Mund reicht von einem zum anderen Ohr. In krakeligen Buchstaben steht neben dem Bild: „Man muss mit allem rechnen. Auch mit dem Guten!"

Ich habe die Postkarte mit dem lustigen Motiv in einer Papeterie entdeckt. Es ist eine Augenweide. Mein Herz hüpft, und offensichtlich ist es genau das, was die Künstlerin mit ihren originellen Karten bewirken möchte. Sie will das innere Kind in erwachsenen Menschen ansprechen. Ein Anteil unserer Persönlichkeit, der in jedem und jeder von uns – mitunter etwas unbeachtet oder verborgen – lebt.

Ich staune, wie man mit so wenigen Strichen so viel zum Ausdruck bringen kann. Zuerst dachte ich, es wäre eine Kinderzeichnung, gut vermarktet. Später finde ich heraus, dass es eine besondere Geschichte hinter diesen kraft- und humorvollen Karten gibt.

Die Künstlerin, Andrea Lienhardt arbeitete tatsächlich zuerst als Pädagogin mit den Kleinsten, doch im Laufe der Jahre schlug sie einen anderen beruflichen Weg ein und widmete sich Menschen in der Arbeitswelt. Sie wurde Management-Trainerin, arbeitete zu Themen der Persönlichkeitsentwicklung und verbrachte viel Zeit im Business. Als sie unverhofft schwer an Krebs erkrankte, wurde das zum Einschnitt in ihrem Leben. Auf einmal hatte sie viel Freiraum, sich mit der eigenen Person, mit Selbstfürsorge und stärkenden Motiven auf ganz neue Weise auseinanderzusetzen. Ich kann mir vorstellen, dass es eine sehr schwere Zeit gewesen sein muss, in der sie sich machtlos, suchend, aber sicher nicht strahlend wahrgenommen hat.

> “Manches im Leben darf man ruhig auch mal mit links machen.”

Dass Andrea Lienhardt ihr künstlerisches Talent entdeckte, lag an einem Kunsttherapeuten in der Rehaklinik, der die Patientinnen ermutigte, unperfekt zu malen. Er empfahl, ein Bild mit links zu zeichnen. Das ist vor allem für diejenigen entlastend, die gerne alles hundertprozentig machen und ihr eigener größter Kritiker sind. Vermutlich geht es vielen von uns so. Wir geben unser Bestes ohne Rücksicht darauf, ob es immer angebracht ist, volle Leistung zu bringen. Manches im Leben darf man ruhig auch mal mit links machen. Eis essen zum Beispiel, Suppe löffeln, die Hände falten oder die Kehrwoche. Und sicher fällt Ihnen noch viel mehr ein.

Hier ist Platz für Ihr Bild mit links:

Für die Rechtshänderin, Andrea Lienhardt, war es eine Zu-Mutung, mit der linken Hand zu zeichnen. Das war zu erwarten. Unerwartet dagegen war die kindliche Freude, die sich beim Zeichnen auf diese Weise plötzlich einstellte. Man kann tatsächlich mit allem rechnen – und erst recht mit dem Guten. Doch diese Ausrichtung auf das Gelingen, auf das Zutrauen, geliebt und begabt zu sein, die letztlich dazu führt, dass wir uns wagen, unser Licht auf statt unter den Scheffel zu stellen, sie stellt sich erst mit einer gewissen Lebenserfahrung ein. Es müssen nicht immer die schweren Krankheiten, Brüche oder Krisen sein, doch es gehört dazu, sich selbst als begrenzten Menschen zu erleben. Zugeben können, dass ich Fehler mache, dass manches eben nicht spielend leicht gelingt und dass ich auch und gerade deshalb strahlen darf, das ist eine Entwicklung, die Menschen authentisch macht.

Lienhardt sagt in einem Interview, dass die Krebserkrankung zur Lehrmeisterin in ihrem Leben wurde und sie Krisen heute als freundliche Helfer in einem unfreundlichen Gewand betrachtet. Mitten in der Krise fand sie ihre Berufung. Inzwischen zieren ihre fröhlichen Zeichnungen und Sprüche längst nicht nur bunte Postkarten, sondern sogar die Wände in Krankenhäusern. Andrea Lienhardt wurde zur Botschafterin für den Bundesverband Kinderhospiz. Kein

Wunder, sie ist schließlich selbst das beste Beispiel dafür, dass wir im Leben nicht zögern dürfen, zu tun, was unsere Augen leuchten lässt.

Denn die Freude, die wir anderen schenken, kommt direkt ins eigene Leben zurück. Dafür brauchen wir die Bereitschaft, uns auf Neues einzulassen, und erleben dabei vielleicht jede Menge Spaß. Manchmal folgt daraus sogar beruflicher Erfolg. Andrea Lienhardt ist inzwischen als Künstlerin beliebt und als Autorin erfolgreich. Ihre Bilder machen mir jedenfalls Mut, mit strahlenden Augen und kindlicher Freude Danke und Ja zu meinem Leben zu sagen.

Coaching-to-go-Tipps für Strahlkraft:

- Vielleicht schicken Sie diese Woche eine der inspirierenden Karten-Botschaften an eine Freundin/einen Freund, der sich nach neuer Kraft sehnt. www.lien-art.de
- Probieren Sie heute mal, ein eigenes Bild mit links zu malen. Vielleicht passt es zu dem Bibelvers aus Matthäus 5,16: „Lasst euer Licht leuchten!" Oder Sie wählen eine eigene Lebenserkenntnis aus, die Sie mit wenigen Strichen illustrieren. Zum Beispiel: Ich bin richtig ~~perfekt~~!

7 WOCHEN OHNE

Wir gehen gemeinsam

5

Rut antwortete: Bedränge mich nicht, dass ich dich verlassen und von dir umkehren sollte. Wo du hingehst, da will ich auch hingehen; wo du bleibst, da bleibe ich auch. Dein Volk ist mein Volk, und dein Gott ist mein Gott. Wo du stirbst, da sterbe ich auch, da will ich auch begraben werden. Der Herr tue mir dies und das, nur der Tod wird mich und dich scheiden.

Rut 1,16–17

Wir gehen gemeinsam

BIBLISCHE MINIATUR ZU RUT 1,16–17

Ralf Meister

„Wo du hingehst, da will auch ich hingehen." Dieser Satz ist ein viel gewählter Trauspruch. Das große Versprechen lebenslanger Treue und Gemeinschaft. Viele zucken zurück, wenn sie hören, dass hier kein Liebespaar, sondern eine Schwiegertochter mit ihrer Schwiegermutter spricht.

Ihre Lebensgeschichten fügen sich im Buch Rut ineinander: Wegen einer Hungersnot waren Noomi und ihr Mann Elimelech als Wirtschaftsflüchtlinge aus Bethlehem nach Moab ausgewandert. Ihre Söhne Machlon (der Gebrechliche) und Kiljon (der Schwächliche) heiraten dort die moabitischen Frauen Rut und Orpa. Nacheinander sterben Noomis Mann und ihre Söhne. Die Witwe Noomi beschließt, in ihre Heimat

Bethlehem zurückzukehren, wo sich die wirtschaftliche Lage gebessert hat.

Sie will ihre Schwiegertöchter zum Bleiben bewegen, sind sie doch fremd in Bethlehem. Doch Rut bleibt hartnäckig: „Wo du hingehst, da will auch ich hingehen!“ In Bethlehem angekommen, meistern die beiden Frauen mit Gewitztheit und Treue zueinander ihren Alltag in der neuen, alten Umgebung. Mit Hilfe von Noomi gelingt es Rut, den Grundbesitzer Boas zu heiraten und damit gleichzeitig ihre Schwiegermutter versorgt zu wissen.

> Gottes Heilsplan umschließt alle Völker.

Die kleine novellenartige Erzählung unterbricht die große Linie der Geschichtsdarstellung, die im Alten Testament von Josua über das Buch der Richter und die Samuelbücher zu den beiden Königsbüchern führt. Hier wird eine Moabiterin zur Ahnfrau im Stammbaum des Königs Davids, und sie wird den beiden israelitischen Urmüttern Rahel und Lea gleichgestellt.

Es wird kein Zufall sein, dass diese außergewöhnliche Frau und ihre Geschichte in die Reihe der alttestamentlichen Bücher aufgenommen wurden: Das Volk Israel wird daran erinnert, dass Gottes Heilsplan alle Völker umschließt und deshalb die Achtung der Fremden ein unaufgebbares Gebot bleibt.

So ist es konsequent, dass beim Evangelisten Matthäus Rut als die Urgroßmutter des Königs Davids auch im Stammbaum Jesu aufgezählt wird (Matthäus 1,1–17). Dass die Bibel ihr, einer ausländischen Frau, diese zentrale Stellung widmet, macht deutlich: Es geht nicht um eine liebliche Idylle mit Happy End, wie Johann Wolfgang von Goethe das Buch Rut beschrieben hat. Es geht trotz der auffällig weiblichen Sprache auch nicht vorrangig um Genderfragen, so ungewöhnlich das in einem biblischen Buch auch ist. Es geht um Liebe und Tod, Gemeinschaft und Einsamkeit, Aufbruch und Heimweh, Fremdsein und Beheimatung. Und vor allem um die Frage, mit wem wir unsere Wege gehen wollen.

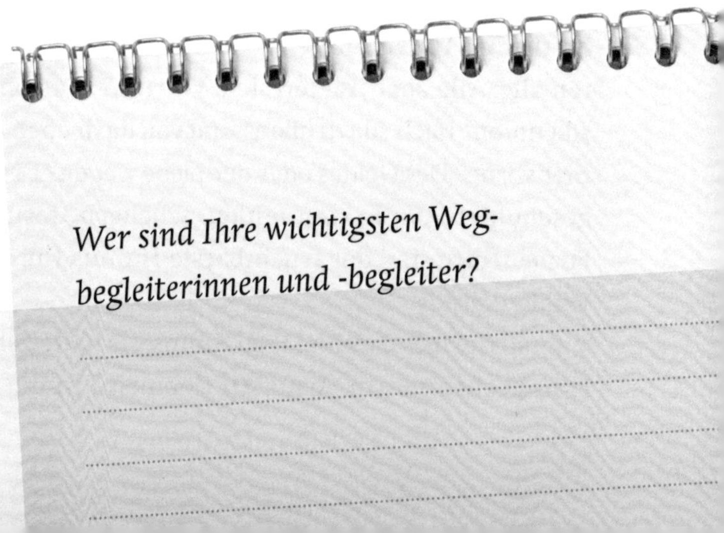

ERSTAUNLICHE GRÜNDE

Andreas Malessa

Bis jemand wie Jannik merkt, dass die Arbeitsatmosphäre in seiner Abteilung frostig geworden ist – das dauert. „Chefmänner merken alles erst hinterher", spottete Moni, „wollen's dann aber vorher schon gewusst haben."

> “ Wo Fakten fehlen, wuchern Gerüchte. ”

Schon vorher befürchtet hatte Jannik tatsächlich, dass es zu Eifersüchteleien unter den Kolleginnen kommen könnte, wenn die auffällig attraktive neue IT-Frau, die Shirinpari Zareianhashemi Koshro, Führungsaufgaben bekäme. Oder dass die Herren Platzhirsche anfangen würden, um ihre Gunst zu rangeln. Es kam ganz anders, ganz unerwartet: Dass „die Neue" zwar aus dem Iran stammte, aber aus den USA hierher ins Unternehmen gekommen war – das wussten alle. Alle aber fragten sich: Warum? Warum von „da unten" nach „da drüben" und von da drüben nach hier vorne? Des Geldes oder der Liebe wegen? Der Not geschuldet? Wo Fakten fehlen, wuchern Gerüchte. Firmenflure sind der fruchtbarste Humus für derlei Wildwuchs:

Frau Germes erzählte Frau Krems, sie hätte gehört, Frau Koshro sei vor Ajatollah Chomeini in die USA geflohen. Als Studentin. „Dann müsste sie über sechzig sein", lachte Frau Krems „die islamistische Revolution in Persien war 1979/80."

„Na ja, aber dass die USA nach dem 11. September 2001 überhaupt noch eine iranische Moslemikerin reinließen …", gab Frau Germes zu bedenken.

„Das heißt ‚Muslimin', und wenn Frau Koshro eine wäre, hätte sie ja nicht fliehen brauchen", lachte Frau Krems zum zweiten Mal. Ab da fühlte sich Frau Germes besserwisserisch belehrt. Und schmollte.

Herr Behrends, direkter Vorgesetzter von Frau Krems, ermunterte sie diskret, sich ruhig und warumauchnicht für die persönlicheren Umstände der schönen Frau Koshro zu interessieren. Er, als Mann, dürfe sie ja nicht so direkt ausfragen und sei ja auch nicht neugierig.

Sie hätte in den USA Informatik studiert, kolportierte die Teeküche. Und dann bei einen IT-Dienstleister für Daimler Trucks gearbeitet, ergänzte man unten an der Rezeption. Sie hätte in Amerika einen Deutschen geheiratet, wusste die Betriebskantine. Der aber ganz jung an Leukämie gestorben sei, hatte Frau Krems erfahren. Trotz ihres deutschen Mannes spricht sie kaum Deutsch, weil zu Hause immer englisch gesprochen wurde, erklärte eine Putzfrau, die auch einen deutschen Mann hat und trotzdem kaum Deutsch kann.

Ob man sich finanziell verbessert, wenn man von Daimler in den USA in unseren Saftladen hier wechselt? Alle fragten sich das. Aber Jannik, ihr Abteilungsleiter, würde ja nichts rauslassen. Niemals. Selbst wenn er dürfte.

„Ist die nicht neulich von dem … na sachma, von dem Dings abgeholt worden?“, fragten die Spätschichtler von der Security, „wesentlich älterer Mann, gepflegte Erscheinung, Typ Abfindungskrösus?“ Die Umstehenden grinsten, was eine Kollegin aus der Finanzabteilung beleidigend fand. Ihr Mann war gerade üppig frühpensioniert worden.

> Warum gibt sie einen guten Job auf und zieht nach Irgendwo in Germany …?

Die Mutmaßungen gingen durch die Decke, die Stimmung in den Keller. Als ein notorisch übellauniger Kollege aus dem Marketing – immer schon eine Giftampulle mit zwei Ohren – laut darüber nachdachte, ob im Falle der exotischen Frau Koshro nicht doch das Aussehen ausschlaggebend gewesen sei und nicht, wie bei Frau Germes, die Frauenquote – da knallte es endgültig. Und da, erst da, merkte Jannik den betriebsklimatischen Temperatursturz.

Eine junge Witwe mit persischen Wurzeln gibt einen guten Job in den USA auf und zieht nach Irgendwo in Germany ...? Das hatte ihn schon beim Lesen der Bewerbungsunterlagen interessiert. Aber die Papiere gaben nur den üblichen Schmus her: sich verändern wollen, neue Erfahrungen sammeln und so.

Letztlich war es Moni, die beim Neujahrsempfang des Unternehmens aus einer Plauderei mit Frau Koshro die simple Auskunft mitbrachte: „Wegen ihrer Schwiegermutter!"

Janniks Fragezeichen quer übers Gesicht hätte man fotografieren können.

„Eure schöne Soraya ist wegen ihrer deutschstämmigen Schwiegermutter hier, ganz einfach. Um sie zu versorgen, sagt sie."

„Das hat sie dir erzählt? Einfach nassforsch so erzählt?"

Jannik am Bistrotisch mit Sektglas in der Hand wurde schlagartig neidisch darauf, dass manche Frauen so locker und schnell persönliche Dinge austauschen können. Er hörte nicht, was Moni im Weggehen murmelte: „Das Komische ist ja, dass ich meine, so was Ähnliches mal in der Bibel gelesen zu haben. Rut, glaub' ich, hieß die. Kann man sich leichter merken als deine Neue in der Firma."

NICHT ALLEIN

Volker Jung

Das junge Paar sucht einen Trauspruch für die kirchliche Trauung. Sie nutzen dazu die Internetseite „trauspruch.de". Zwei Klicks führen zu Vorschlägen. Zuerst wird gefragt, was dem Paar wichtig ist. Die beiden entscheiden sich für „Wir wollen uns treu bleiben". Dann kommt die nächste Frage: „Was soll der Trauspruch für uns leisten?" Hier entscheiden sie sich für die Kategorie „Er soll uns tragen, wenn es schwer wird". Jetzt haben sie verschiedene Bibelstellen zur Auswahl. Gemeinsam wählen sie die Stelle aus dem Buch Rut aus: „Wo du hingehst, da will ich auch hingehen; wo du bleibst, da bleibe ich auch. Dein Volk ist mein Volk, und dein Gott ist mein Gott" (Rut 1,16).

Sie sind damit nicht allein. Diese Stelle wurde und wird immer wieder gern als Trauspruch gewählt. Manche Paare sind etwas irritiert, wenn sie erfahren, dass in der biblischen Geschichte Rut diese Worte ihrer Schwiegermutter sagt. Aber das hält ein Paar in der Regel nicht davon ab, sich genau diese Worte als Trauspruch auszuwählen. Das ist auch gut so, denn es geht ja um etwas, was über die Situation von Rut und ihrer Schwiegermutter Noomi hinaus wertvoll ist.

Ich erinnere mich noch gut an ein Traugespräch, in dem wir über diese Worte gesprochen haben. Das Paar hat über sich geredet und erzählt: „Wir können uns aufeinander verlassen. Das haben wir in den letzten Jahren entdeckt. Auch als wir das eine Jahr an zwei verschiedenen Orten waren. Das war nicht immer einfach. Das wollen wir nicht mehr. Wir werden sicher aus beruflichen Gründen noch mal woanders hinziehen. Aber wir haben uns fest vorgenommen, das dann gemeinsam zu machen. Also: Wo du hingehst, da will auch ich hingehen. Uns ist es wichtig, unseren Weg wirklich gemeinsam zu gehen.“ Wir hatten dann noch ein intensives Gespräch über die Schwierigkeiten, die es geben kann, weil beide beruflich sehr engagiert sind. Und darüber, wie sie damit umgehen wollen und was der Glauben für sie bedeutet.

> Da sind auch andere bereit, den Weg mitzugehen.

Es ist wunderbar, wenn Menschen entdecken und erleben: „Ich bin nicht allein. Wir sind füreinander da. Wir gehen gemeinsam.“ Bei der Trauung hat mich dann noch sehr bewegt, wie die Eltern, die Geschwister und die Freundinnen und Freunde dem Paar gezeigt haben: Ihr seid auch als Paar nicht allein. Da sind noch andere, die bereit sind, einen gemeinsamen Weg zu gehen.

MIT GLEICHGESINNTEN KRAFT FINDEN ZU LEUCHTEN

Christine Lungershausen

Gestärkt fühlt sich Ullrich. Angekommen. Er spürt, dass er dazugehört und nicht mehr allein vor sich hintrudelt.

„Hier, hilf mir mal, die Rückwand zu bauen“, ruft einer der Jungen ihm zu. Sie bauen gemeinsam ein Hochbeet, das sie aus Protest zwischen Autoparkplätze im zugeparkten Erfurt setzen wollen. Sie fühlen sich eingesperrt zwischen Karosserie-Ungetümen, jedes Jahr mehr. „Straßen sind für Menschen da, nicht fürs Blech“, sagen sie. Deswegen wollen sie auch mehr Platz haben für die Menschen. Die Innenstädte sind eigentlich Lebensraum: für Kinder zum Fußballspielen und Springseilspringen, für Menschen, die jemanden im Rollstuhl in den nächsten Park schieben. Aber die Kinder müssen achtgeben, dass der Ball nicht unters Auto rollt, die parkenden Autos versperren den Weg für den Rollstuhl. Das stört. Deswegen hat sich die Gruppe zusammengetan, um die Innenstadt Erfurts autofrei zu machen. Sie beginnen damit, gemeinsam gebaute Hochbeete auf Parkplätze zu stellen – so dass sie zu schwer sind, weggeschoben zu werden, aber so viel Platz bieten, dass man nebendran mit einem Springseil springen kann.

Ullrich fand das am Anfang wenig ausreichend, kurzsichtig und vor allem so spätpubertär-rebellisch, dass er nur spröde gelacht hat. Trotzdem ist er weiter zu den Treffen der Gruppe gegangen. Ein wenig an einem Hochbeet zimmern, Signale dafür setzen, dass Straßen in Innenstädten für die Menschen und nicht für die Autokolonnen da sind, das hat ihn angesprochen.

Seit es seinen Enkel Anton gibt, erscheint für Ullrich vieles in einem neuen Licht. Seit Antons Geburt fragt Ullrich sich jedes Mal: Hilft das, was ich tue, damit es für Anton später noch eine gute Welt gibt? Was kostet das, was ich tue, wirklich? – also nicht nur der bezahlte Preis, sondern das, was Anton dafür an Folgekosten noch wird aufbringen müssen.

> „Was kostet das, was ich tue, wirklich?"

Lange hat Ullrich sich allein gefühlt mit diesen Fragen. Zerrissen zwischen vielem. Der Blick auf die Zukunft hat ihn verzweifeln lassen. In trockenen Sommern wie dem letzten ist Ullrich trübsinnig über die vertrockneten Böden geworden. Wütend hat er in den Himmel geschaut, wenn wieder eins der vielen Flugzeuge über ihn flog: Haben die es denn immer noch nicht verstanden? Und die ihm früher nahestanden, die fliegen selbst immer noch in den Urlaub. Er schnaubt, wenn er nur daran denkt. Bäume im Amazonas kaufen als Ausgleich – eine Phrase, denkt er sich, die werden eh abgeholzt oder wachsen gar nicht erst an.

Stundenlang kann Ullrich in solchen Tiraden stecken; immer wütender werden. Einmal hat er hochgeschaut und sein Enkel stand vor ihm, rief „Opa, Opa". Anton musste erst dreimal rufen, ehe Ullrich merkte, dass er ihn meinte. Der Blick auf seinen Enkel Anton fordert Ullrich auf zu leuchten. Aber aus sich selbst heraus findet Ullrich dazu keine Kraft. Allein hat er sich nur in wütendem innerem Geschrei verwickelt. Durch die Gruppe der Hochbeet Bauenden hat Ullrich eine Gemeinschaft gefunden, eine Gruppe von Gleichgesinnten. Die schimpfen zehn Minuten lang und dann planen sie die nächste Aktion. Das tut Ullrich gut: Nicht allein sein mit den destruktiven Gedanken. Und etwas tun, das ihm die Angst nimmt – selbst, wenn er es erst mal nur rebellisch findet. Mit Gleichgesinnten gemeinsam handeln – das stärkt Ullrich, um zu leuchten: Für dich will ich strahlen, Anton, spürt Ullrich, dein Leben im Blick haben und mich mit anderen dafür zusammentun.

Was bringt Sie auf die Palme?
Und wer oder was wieder herunter?

AUGEN AUF!

Johann Hinrich Claussen

Verloren sein, das ist eine Normalität. Die Heimat verlieren, das Haus, die Familie, die Herkunft – auch das ist seit jeher für viele Menschen eine alltägliche Erfahrung. Die Geschichte von Rut im Alten Testament ist deshalb so wertvoll, weil sie dem eine andere Selbstverständlichkeit entgegensetzt – eine Selbstverständlichkeit, die an ein Wunder grenzt. (Nebenbei: Das Buch Rut ist ein weltliterarisches Meisterwerk, ein novellistischer Glücksfall – man sollte es einfach gelesen haben.)

Der Tod hatte Rut den Mann genommen und ihrer Schwiegermutter Noomi den Sohn. Eine Hungersnot trieb beide auf den Weg nach Israel, Noomis Heimat. Mitten auf dem Weg empfiehlt diese ihrer Schwiegertochter, wieder umzukehren und in ihre Heimat zurückzukehren. Doch Rut antwortet mit Worten, die so schlicht daherkommen, so selbstverständlich klingen und doch so erschütternd sind: Ich bleibe bei dir, gehe mit dir, wir teilen den Weg, das Ziel, den Glauben. Und was sie sagt, wird sie auch tun und am Ende gemeinsam mit Noomi eine neue Heimat finden.

Viele Menschen haben es Rut nachgetan. Viele Geschichten gäbe es davon zu erzählen. Meist sind es leise Geschichten, die keine große Öffentlichkeit erreichen. Deshalb sollte man die Ohren spitzen, damit man sie zu hören bekommt, die Augen öffnen, damit man sie entdeckt, den Mund öffnen, damit man selbst eine solche Geschichte mit anderen Menschen beginnt.

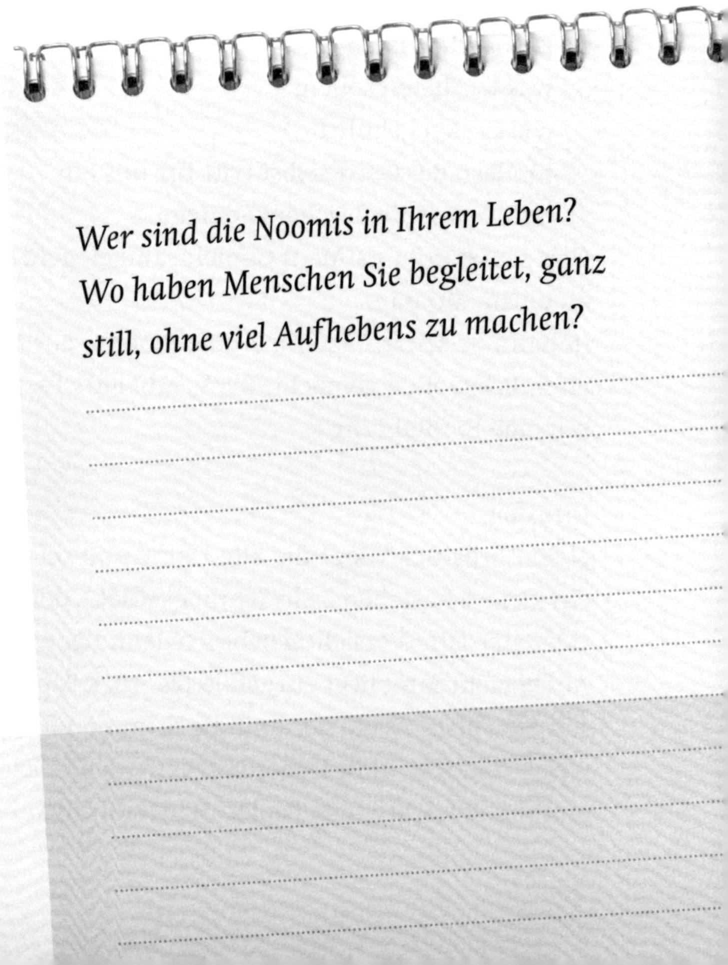

FASTENGEDANKEN FÜR DIE FÜNFTE WOCHE

Petra Bahr

Montag

Paulus, in einem Brief an die Freunde und Freundinnen in Rom:

Der Geist hilft unserer Schwachheit auf.
Denn wir wissen nicht,
was wir beten sollen,
wie es sich gebührt,
sondern der Geist selbst tritt für uns ein
mit unaussprechlichem Seufzen.

Gott seufzt mit uns. Mehr Gemeinsamkeit geht nicht, an einem Montag.
(Johann Sebastian Bach hat eine Motette aus diesen alten Briefzeilen gemacht. BWV 226. Fürs Fastenhören eine Empfehlung.)

Dienstag

„Mein Erbstück", sagt die alte Dame und reicht mir ein kleines Kästchen. „Ein Schmuckstück", denke ich. Oder eine Uhr. Vorsichtig hebe ich denn Deckel hoch. Auf blauem Samt liegt ein gefaltetes Stück Papier. „Lesen Sie ruhig", sagt sie, und die Stimme wird ganz weich und fest. „Ein Liebesbrieflein", denke ich und entfalte vorsichtig das Papier. Hauchdünn ist es geworden, mit fettigen Stellen am rechten Rand, nicht größer als ein Einkaufsbeleg. Nur ein Wort steht da. Verblasste Tinte. „Unverzagt“ – mit Punkt. Dann erzählt die Besitzerin ihre Geschichte. Ein kleines Mädchen im Krieg. Die Front rückt näher. Eine Kindheit im Glück, mit Pferden, Kirschbäumen und Puppenhaus, endet abrupt. Es muss fliehen. Die Mutter ist hochschwanger und bleibt zurück. Sie vertraut ihr Kind den Nachbarn an, damit es sich in Sicherheit bringt. Eigentlich soll es erst später losgehen. Doch dann geht es eines Nachts ganz schnell. Ein hektischer Abschied. Die Mutter drückt dem Mädchen diesen Zettel in die Hand. „Daran halt dich fest“, sagt sie. Das kleine Mädchen wird auf der Fahrt ins Ungewisse Schreckliches erleben. Gewalt, Tote am Wegesrand, Hunger. Doch es kommt lebend zur Tante. Der Zettel liegt – zerknüllt vom vielen Festhalten – in der Tasche des Mäntelchens. Die Mutter wird sie nie wiedersehen. „Der Zettel ist ihr Vermächtnis. Ein Wort aus einem alten Kirchenlied von Paul Gerhardt. Den Sinn des Wortes habe ich erst viel später verstanden. Meine Lebensbegleitung. So war meine Mutter immer bei mir. Bis heute.“ „Was für ein Schatz“, denke ich und stelle die Schachtel mit dem Stück Papier neben das Sterbebett.

Mittwoch

Mittwochsexperiment gegen das Verlassensein: „Ach“, sagt sie, „wenn doch jemand für mich da wäre. Dann wäre ich nicht allein.“ Wen kannst du denn heute begleiten? Für wen ein Fels in der Brandung sein? Auf welchen Menschen kannst du achten? Wem ein Geschenk vorbeitragen und wem eine Blume ans Knopfloch stecken? Wessen Wäsche hängst du auf, und in wessen Lied stimmst du mit ein? Wessen Langeweile reicht für euch beide? Wer braucht eine warme Suppe und wer einen heißen Kakao? Wer will auf deinem freien Stuhl sitzen und wer braucht jemanden neben sich auf der Bank. Da unten im Park? Wem kannst du den Stock reichen und wem einen Lolli? Wer braucht Nachhilfe in Latein und wer deine Gabe, eine Hecke so zu schneiden, dass die Nachbarn einander in die Augen sehen? Dann wärst du nicht mehr allein.

Donnerstag

Ansteckung

Wie kommt es, dass Gähnen so ansteckend ist? Es ist, als hätte die eigene Müdigkeit darauf gewartet, sich vom offenen Mund hinter vorgehaltener Hand aus ihrem Versteck zu locken. Als wartete der Schlaf wie ein Kind hinter einer Hecke, sprungbereit. Plötzlich macht sich die Ermattung des anderen im eigenen

Körper breit, wie aus dem Hinterhalt, fast ein wenig gemein, als hätte das gähnende Gegenüber eine heimliche Macht über uns. Vielleicht ist es aber auch die Verletzlichkeit des anderen, die sich im Gähnen zeigt. „Ich bin müde." Ein Eingeständnis. Ein Moment der Endlichkeitserfahrung am helllichten Tag, aber nicht als Einbruch einer schlimmen Erfahrung, sondern als körperlicher Impuls, der sich überträgt. Eine durchwachte Nacht, das Eingeständnis großer Langeweile, vielleicht auch nur ein Mittagstief. Müdigkeit ist teilbar. Es gibt Gemeinschaftserfahrungen zwischen Menschen, die sind so basal, so unwillkürlich, so körperlich, dass sie selten Beachtung finden. Doch wir können uns dieser Ansteckung, dieser plötzlichen Verbindung mit dem anderen kaum entziehen. Gähnen steckt an. Genauso wie das Lachen.

Freitag
Lob der Saumseligkeit

Es gibt Worte, die gibt es nicht mehr. Sie sind aufbewahrt in den Archiven alter Texte oder Wörterbücher. Neulich bin ich über dieses gestolpert: „Saumseligkeit". Es ist ein Wort aus einer Zeit, in der die Tage noch Ränder hatten und die Zwischenräume noch Platz für Lücken und Hohlräume. In alten Lexika wird die Saumseligkeit mit „Pflichtvergessenheit" übersetzt, allerdings nicht verstanden als Makel gegen

Organisiertheit und Produktivität, sondern als positive Fähigkeit, als selige Form des Verzögerns, Verdaddelns, Vertuns von Zeit. Saumselig sind die, die keine Angst haben, etwas zu versäumen. Die Stunden des Tages dürfen ruhig ausfranzen. Sie müssen nicht akurat ineinander übergehen. Lieber versonnen an den lockeren Fäden spielen, als sie verschwinden zu lassen in einer präzisen Linie, einer Bilanz, in der schon die nächste geplant ist. Saumseligkeit grenzt an den Traum, es ist der Zustand des Treibenlassens ohne Sorge vor Produktivitätsverlusten, es ist die Fähigkeit, sich im Ungenauen, im Vagen zu verlieren. Saumseligkeit ist, so gesehen, das Gegenteil von FOMO, jener „Fear of missing out", der Angst, etwas zu verpassen – eine Plage der Gegenwart. Saumselig will ich werden.

Samstag/Sonntag

„Den Seinen gibt's der Herr im Schlaf" (Psalm 127).

In der Bibel wird sehr viel geschlafen. Auf harten Steinen und unter dem Sternenhimmel, am Tag und in der Nacht, zur Schlafenszeit und am helllichten Tag. Das hat durchaus theologische Bedeutung. Denn wer schlafen kann, der liefert sich aus. Schlaf ist der nötige, aber auch schwierige Akt des Kontrollverlusts, ein sehr aktiver Zustand des Gehirns, ja, jeder Körperzelle, den es nur im Modus dieses geheimnisvollen

Dämmerzustands gibt – passive Aktivität. Deshalb brauchen Kinder oft Einschlafhilfen: ein Lied, ein Gebet, eine kleine Berührungschoreografie. Der Sturz in den Traum ist für sie bedrohlich. Und vielleicht schlafen viele Erwachsene so schlecht, weil niemand mehr eine Melodie für sie singt oder die Stirn mit dem Mund berührt.

Manchmal grenzt Schlaf auch an Verrat, wie im Garten Gethsemane, als die Freunde Jesu erschöpft wegdämmern, während Jesus mit Gott um sein Leben ringt. Oder ist dieser Schlaf nur Ausdruck ihrer Ohnmacht? Auch Jesus schläft zur Unzeit, vorne im Boot, als die Jünger in einen Sturm geraten und die Todesangst ihnen ins Gesicht geschrieben steht. Als würde er sie alleinlassen. Manche Gelehrte fanden, Jesu simuliere nur. Er wolle den Glauben der Jünger testen. Eine andere Auslegungstradition kommt aus der Mystik. Jesus verbindet sich schlafend mit Gott selbst. „In deine Hände befehle ich meinen Geist." Nur so, in diesem Zustand ohnmächtigen Vertrauens, schöpft er die Kraft, um einen Sturm zu stillen.

> “Wer schlafen kann, der liefert sich aus.”

Wir gehen gemeinsam – konkret

Beate Hofmann

Wenn Schiffe auf hoher See in einen Sturm geraten und drohen, quer in den Wellen zu kentern, dann wirft man Seeanker aus. Diese fallschirmartigen Säcke halten das Schiff in einer Position, so dass der Bug oder das Heck die Wellen schneidet und daher stabil bleibt, auch wenn der Wellengang extrem gefährlich ist. Dabei ist der Seeanker nicht fest am Boden gegründet, sondern er nutzt die Strömung und Kraft des Wassers. Er sorgt schwebend in der Tiefe dafür, dass das Boot an der Oberfläche ausgerichtet wird. Ich bin keine Seglerin, sondern lieber an Land, aber ich finde es ein wunderbares Bild dafür, was ich mir selbst wünsche, wenn der „Sturm des Lebens" die Wellen der Angst, Unsicherheit oder Sorge hoch auftürmt.

Dann wünsche ich mir Menschen, die zum Seeanker in meinem Leben werden. Menschen, die Tiefgang haben und mir mit ihrer Kraft helfen, wieder eine gute Ausrichtung zu finden. Freunde, die mich stabilisieren, wenn ich seelisch zu kentern drohe. Es ist ja nicht so, dass wir uns den Sturm aussuchen, sondern die stürmischen Zeiten kommen meistens unverhofft, urplötzlich wie ein Fallwind in unsere

Lebenswirklichkeit. Sie reißen uns aus dem, was wir als Normalität erfahren, brutal heraus. Da wird jemand in seinem Unternehmen zur Zielscheibe für Anfeindungen, da bricht eine Krankheit auf, die niemand vorhersehen konnte, da passiert ein Unfall oder es stirbt ein Mensch, und die Betroffenen oder Hinterbliebenen werden von einer Welle der Trauer, der Hilflosigkeit oder Verzweiflung förmlich mitgerissen. Sie drohen zu versinken in ihrer dunklen Welt.

> „Seelische Verbundenheit ermöglicht Widerstandskraft."

Die biblische Geschichte von Noomi und Rut beschreibt, wie plötzlich sich alles ändern kann. Rut wird zum Seeanker für ihre Schwiegermutter – oder ist es umgedreht? Die beiden stützen sich gegenseitig und werden sich zum Halt. Diese Erfahrung gibt es zum Glück immer wieder. Studien der Resilienzforschung belegen, dass es vor allem die tiefe Verbundenheit zu einem anderen Menschen ist, die seelische Widerstandskraft ermöglicht. Ein einziger Mensch genügt, der uns zum Anker werden kann. Doch dieser Mensch muss selbst gut gegründet sein, braucht Vertrauen, Liebe, Zuversicht, die er teilen kann.

Kürzlich habe ich dies wieder einmal ganz praktisch miterlebt. Ich war zu Besuch im Café „Q", einem

Begegnungsort der Seelsorge für Menschen in der Klinik, deren Leben sich durch eine Querschnittslähmung völlig auf den Kopf gestellt hat. Dort saß ein etwa fünfzigjähriger Mann im Rollstuhl und wurde von seiner Partnerin beim Essen unterstützt. Genau genommen wurde er gefüttert wie ein Kind. Ich beobachtete, mit welch liebevoller Fürsorge und zugleich mit welch respektvoller Achtsamkeit sie mit ihm umging. Stets darauf bedacht, dass er die Signale geben konnte und dadurch seine Souveränität behielt, soweit das möglich war.

> “ Ich helfe ihm, den Mut und den Glauben an die Zukunft zu behalten. ”

Wir kamen ins Gespräch über den guten Kuchen und das unberechenbare Leben. Er war Bauunternehmer und hatte einen schweren Unfall auf der Baustelle gerade so überlebt. Sie führte jetzt das Geschäft weiter, organisierte den Haushalt und fuhr seit Wochen täglich knapp zweihundert Kilometer in die Rehaklinik, um ihn dort zu besuchen. Mir fehlten die Worte. Was soll man dazu sagen? Leise sagte ich: „Es ist unglaublich, was Sie da leisten.“ Sie antwortete: „Er leistet viel mehr! Ich fahre Auto und manage unseren Alltag. Er dagegen ringt täglich um jede kleinste Fähigkeit, die einst selbstverständlich war, und versucht das Leben zu leben, wie es jetzt ist. Ich helfe ihm, nicht zu verzagen, sondern den Mut und den Glauben an die Zukunft zu behalten. Wir schaffen das, wir beide."

Zart und liebevoll legte sie ihm den Arm um die Schulter. Er drehte mühsam den Kopf, sah zu ihr, und sein Mund verzog sich zu einem schiefen Lächeln. Es lag eine Kraft und Hoffnung in diesem Moment und in ihrer Beziehung, die uns andere staunend und fast ein wenig beschämt zurückließ.

Coaching to go – gemeinsam gehen:
Schreiben Sie doch einmal auf, welche Menschen es sind, die für Sie in Ihrem Leben einem Seeanker gleichen.

- Wem vertrauen Sie?
- Mit wem teilen Sie Ihren Glauben, Ihre Sorgen oder Ihre Hoffnungen?
- Und dann drehen Sie das Ganze um und fragen sich: Mit wem gehe ich selbst auch unbequeme Wege?
- Wem gebe ich Halt in schwierigen, turbulenten Zeiten? Und wer oder was ankert mich in der Tiefe, so dass ich anderen zum Halt werden kann?

Mit wem gehe ich selbst auch unbequeme Wege? Und woher oder von wem kommt meine Kraft dafür?

7 WOCHEN OHNE

Durch die Nacht / 6

Von der sechsten Stunde an kam eine Finsternis über das ganze Land bis zur neunten Stunde. Und um die neunte Stunde schrie Jesus laut: Eli, Eli, lama asabtani? Das heißt: Mein Gott, mein Gott, warum hast du mich verlassen?

Matthäus 27,45–46

Durch die Nacht

Ralf Meister

BIBLISCHE MINIATUR
ZU MATTHÄUS 27,45–46

„O Haupt voll Blut und Wunden" – ich höre die getragene, traurige Melodie, wenn ich die Passionserzählung lese. Eine absteigende, schrittweise Linie, die hineingeht in die Geschichte voll Schmerz und voller Hohn. Ich höre, wie alle lebhaften Tonsprünge unter der Kreuzeslast schweigen. Wie sich die Melodie schmerzhaft zur Klage erhebt und dann am Ende als offene Frage verklingt.

„Gegrüßet seist du mir!" – „Hielt er sich nicht für einen König?" Die grölende Menge schüttet ihren Spott aus. Es geschieht alles unter den Augen des Volkes. Und nicht nur unter ihrem Blick, sondern mit ihrer Anerkenntnis. Sie heißen es gut, sie fordern es sogar ein.

„Wenn die Volksseele, allzeit bereit, Richtung Siedepunkt wütet und schreit: ‚Heil Halali', und grenzenlos geil nach Vergeltung brüllt, zitternd vor Neid." Ein anderes Schmerzenslied sang Wolfgang Niedecken in den Achtzigern mit der Gruppe BAP. Unheil geschieht unter unseren Augen und mit dem Wissen der Welt. Manchmal himmelschreiendes Unrecht. Und es ist beileibe kein Irrtum, dass es geschieht. Kein Versehen, kein „Ich wusste es nicht besser". Viele Konsequenzen sind erkennbar und werden in Kauf genommen. „Sein Blut komme über uns und unsere Kinder."

> „Die Geschichte ist offen für die Zukunft."

Ich wünschte mir, mehr Menschen gingen nicht mit dröhnenden Parolen auf die Straße, sondern um Einhalt zu rufen. Nicht um Hohn und Spott über andere auszugießen, sondern dass sie losgegeben werden. Auch nicht um vermeintliche Geißeln der Menschheit anzuprangern, sondern um zu benennen, wo Menschen selber zur Geißel geworden sind.

„Da, wo Darwin für alles herhält, ob man Menschen vertreibt oder quält, da, wo hinter Macht Geld ist, wo Starksein die Welt ist, vom Kuschen und Strammstehen entstellt. Wo man Hymnen auf dem Kamm sogar bläst, in barbarischer Gier nach Profit ‚Hosianna' und ‚Kreuzigt ihn' ruft, wenn man nur einen Vorteil drin sieht." Es geschieht täglich, resümiert BAP. Täglich ist irgendwo Karfreitag. Täglich kommt eine Finsternis über das Land. Täglich wird es Nacht.

Der Paul-Gerhardt-Choral lässt es dabei nicht bewenden. Mit dem aufsteigenden Schlusston hält er die Geschichte offen zur Zukunft. Das Kreuz bildet die wiederkehrende Menschengeschichte in ihren schlimmsten Verstrickungen ab. Aber es ist auch Gottes einmalige, beispiellose Geschichte zum Heil und zur Heilung. Die kann und wird so nicht zu Ende gehen. Sie führt durch die Nacht. Es wird noch etwas kommen. Aber das ist ein anderes Lied. Das ist die Melodie des Ostermorgens.

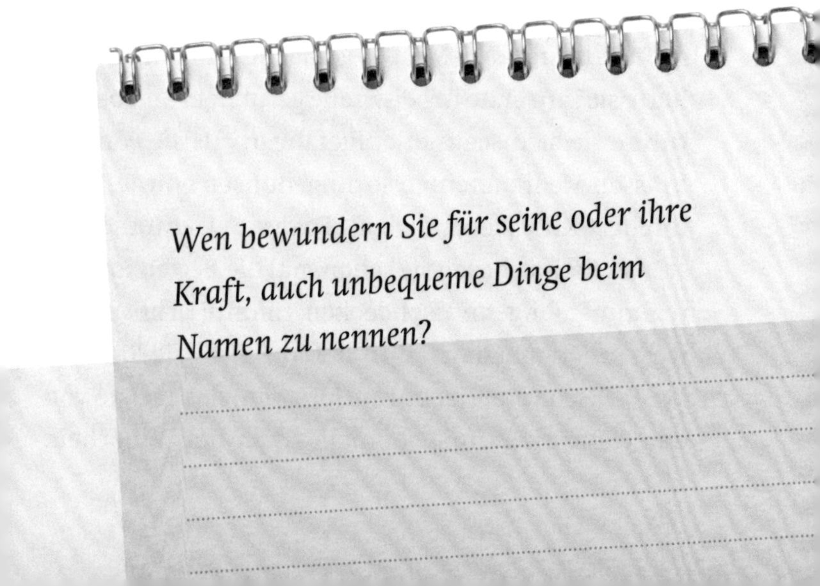

WENN PLÖTZLICH NICHTS IST

Andreas Malessa

Am Donnerstag blätterte sie die Kochbücher durch. Vegan, vegetarisch, Fisch, Huhn, Rind, treudeutsch oder neuexotisch? Schrieb eine lange Einkaufsliste, unterteilte sie dann in vier kurze; fürs strategische Einkaufen: Was bekommt man wo, wer hat es billiger als dort, und wo gibt's das besser als da?

Einen Putzplan notierte sie auch. Essigreiniger im Bad, Möbelpolitur im Wohnzimmer, Scheuermilch in der Küche. Nicht verwechseln. Und Weichspüler für die Gästehandtücher.

Ein Wiedersehen nach drei Coronajahren würde das werden! Mit den zwei liebenswertesten Leuten, die sie kannte. Lang ersehnt. Endlich in Ruhe ausgiebig quatschen. Mit seiner Hilfe hatte sie im Studium gebüffelt und den Master gemacht. Mit ihrer Hilfe hatte sie ihre erste Arbeitsstelle gefunden. Von beiden fühlte sie sich seelisch aufgefangen, als sie von den krassen Medikamenten so aufgedunsen wurde. Über hundert Kilo. Lieber dick als Dialyse. Oder tot.

Am Freitag bezog sie schon mal die Betten im Gästezimmer, bügelte Tischdecken, räumte Krimskrams weg, saugte noch mal durch. Dann fuhr sie los. Dies beim Discounter, jenes im Hofladen, das meiste von der Getränkerampe, manches von der Vinothek.

Schleppte alles hoch, packte alles aus, sortierte den Verpackungsmüll. Bier und Prosecco kaltstellen, Rotwein nicht, Fleisch in Öl einlegen, Platz im Kühlschrank schaffen. Abends Kuchen backen. Krimi leise gucken, weil ja der Backofen irgendwann piept.

Nein, das ewige Insta-Geposte und Facebook-Geplauder kann ein gemeinsames Wochenende doch nicht ersetzen. Zusammen abhängen, sorglos ungesunde Leckereien futtern. Über Bücher, Filme, Konzerte reden. Wirklich Relevantes austauschen, persönlich Wichtiges ansprechen. Wie hat sie sich damals verstanden gefühlt, von beiden, in ihren Trennungskrächen und nach der Scheidung!

“Samstagabend um sechs. Alles picobello. Alles geschafft.”

Samstagmorgen Blumen holen, Tisch dekorieren, Duftkerzen platzieren, Kaffeeautomat reinigen und füllen. Samstagnachmittag Gemüse schnippeln, Zutaten bereitstellen, Saucen und Dips rühren, Hauptgang vorkochen, Desserts herrichten. Dann Haare waschen, umziehen, schminken, Playlist kontrollieren, Auto woanders hinstellen, um ihren Gästen den Parkplatz zu überlassen.

Samstagabend um sechs. Alles picobello. Alles geschafft.

Sie wartet.

Es wird halb sieben. Wahrscheinlich Stau. Aber warum appen sie dann nicht, was das Navi neu errechnet?

Sie knipst die Lampen an, entzündet die Kerzen, Das Esszimmer leuchtet.

Verkehrsfunk hören. Vollsperrung irgendwo? Nö.

Wenn sie jetzt anruft und „Wo bleibt ihr?" fragt, ist das aufdringlich, oder? Wirkt meckrig wie von Mutti. Sie appt stattdessen was Lustiges. Es kommt kein Häkchen, es wurde nicht gelesen. Sie stellt die Gläser auf dem Tisch ein bisschen anders hin, faltet die Servietten, macht alle Herdplatten aus, stellt den Salat in den Kühlschrank zurück. Und wartet.

Acht Uhr. Tagesschau gucken, aber Türglocke nicht überhören.

Ihre Social-Media-Kanäle, alle Messenger-Apps noch mal zurückscrollen.

Hat sie eine Terminabsage übersehen? Eine Sprachnachricht nicht aufgerufen? Ist heute überhaupt heute??!

Jetzt ruft sie doch an. Erst bei ihr – keiner da. Dann bei ihm – Anrufbeantworter.

Sie blickt aus dem Fenster, linst durch den Türspion, setzt sich aufs Sofa, steht wieder auf, kommt sich idiotisch vor. War ihre Einladung spießig? Macht man das nicht mehr so? Du triffst dich beim Italiener und fertig? Käffchen bei Starbucks, reicht völlig?

Neun Uhr. Vielleicht hat sie die Freundschaft immer schon überschätzt.

Gehört sie, die korpulente Nierenkranke ohne Lover, inzwischen zu den etwas peinlichen Bekannten? Oder haben die beiden womöglich Kontakt zu ihrem Ex aufgenommen? Oder ist irgendwas Blödes vorgefallen, und sie hat's nicht gemerkt? So lange und so völlig still saß sie seit Jahren nicht mehr in ihrer Wohnung herum. In der Küche knackt was, wenn der Backofen abkühlt.

Zehn. Sie legt das Handy weg, steht auf, macht die Kerzen und Lampen aus, löst ihre Steckfrisur. Soll das ganze Essen doch vergammeln. Sie räumt jetzt nichts mehr ab, sie geht ins Bett. Einschlafen kann sie natürlich nicht. Dafür ist Verlassenwerden zu demütigend.

Moni wacht mit einem erstickten Schrei auf und rüttelt Jannik an der Schulter.

„Fürchterlich, Schatz, ganz schrecklich. Ich hab geträumt, wir hätten Viktorias Einladung heute Abend vergessen. Nicht abgesagt, einfach vergessen!"

TRÖSTLICHE AUSSICHT

Christian Behr

In den Tagen, in denen ich diese Zeilen schreibe, jährt sich die Hochwasserkatastrophe von Sachsen zum zwanzigsten Mal. Die, dann doch viel Schlimmere im Ahrtal und Umgebung, zum ersten Mal. Im August 2002 fühlten wir uns in Grimma erst einmal sehr auf uns und unsere Not zurückgeworfen. Aber schon wenige Tage nach dem Hochwasser war die Frauenkirche in Grimma, nachdem sie notdürftig vom Schlamm gereinigt wurde, zum Teil wieder nutzbar. Es gab tägliche Andachten für die Betroffenen und die Helferinnen und Helfer. Ein Psalmwort wurde zum Leitvers, welches ich sonst noch nie so intensiv betrachtet hatte: „Gott hilf mir! Denn das Wasser geht mir bis an die Kehle. Ich versinke in tiefem Schlamm, wo kein Grund ist; ich bin in tiefe Wasser geraten, und die Flut will mich ersäufen. Ich habe mich müde geschrien und mein Hals ist heiser …“

Wir hätten auch rufen können, und manch einer wird das auch getan haben: „Mein Gott, mein Gott, warum hast du mich verlassen?“

Gemeinsame Klage ist etwas Wichtiges, Gutes und manchmal auch Reinigendes. Sie kann förmlich Verzagtheit abwenden. Kann den Blick aus dem Trübsinn und der Verlassenheit langsam wieder erheben. Dazu braucht es Zeit. Dazu benötigen wir manchmal auch Hilfe von außen. Oder auch Bibeltexte oder andere Worte, die uns die Klage ermöglichen, wenn uns selbst die Worte fehlen. Sie müssen aber in unsere Situation passen.

Als wir uns langsam förmlich wieder aus dem Schlamm herausgebuddelt hatten, da konnten wir auch etwas wahrhaftiger beten: „Ich aber bete, Herr, zu dir zur Zeit der Gnade; Gott, nach deiner großen Güte erhöre mich mit deiner treuen Hilfe. Errette mich aus dem Schlamm, dass ich nicht versinke … Erhöre mich Herr, denn deine Güte ist tröstlich; wende dich zu mir nach deiner großen Barmherzigkeit."

Und dann konnte man in dem Chaos auch wieder kleine Lichtblicke erkennen, die auch heute nach zwanzig Jahren noch präsent sind. Schier endlos viele Helferinnen und Helfer, die kamen und selbstlos anpackten. Die manchmal auch ein klein wenig zu viel halfen, was aber in dieser Situation nebensächlich war. Wichtig blieb vor allem das Zeichen von Nähe und Empathie. Es kam ein Koch, der einige Wochen im Nebeneingang der Kirche aus Essensspenden ein tägliches Mittagsmahl für die Menschen der Umgebung zauberte. Es kamen Notfallseelsorgerinnen und Seelsorger, die nicht nur Tage, sondern Wochen blieben und ansprechbar waren.

Dann begann die Zeit der Planung für den Neubeginn. Es folgten heftige Diskussionen und auch Auseinandersetzungen um einen möglichen oder vielleicht auch unmöglichen Hochwasserschutz für die historische Altstadt von Grimma. Daran hat sich auch die Kirchgemeinde intensiv mit beteiligt. Und nun haben in diesem Jahr 2022 „die Hochwasserschutzbauten für Grimma an der Mulde“ den sächsischen Staatspreis für Baukultur erhalten.

Narben auf den Seelen der Betroffenen bleiben. Bei den einen sind sie klein und fast nicht spürbar. Bei anderen schmerzen sie häufiger und intensiver. Und doch ist manchmal mehr und manchmal weniger intensiv zu spüren: „Herr, deine Güte ist tröstlich.“

WENN DEIN HIMMEL DUNKEL WIRD

Steve Kennedy Henkel

Du liest die Eilmeldungen auf deinem Handy –
und immer mehr Wolken ziehen auf …
Ihr sitzt euch gegenüber, Worte fallen, die
nicht wieder eingefangen werden können –
und dein Himmel wird dunkel.
Du liest die Mail – und Schatten legen sich
auf dein sonst so heiteres Herz.
Du gehst ans Telefon – und plötzlich ist es,
als wäre die Sonne vom Himmel gefallen.

Irgendwo zwischen deinen diffusen Ängsten,
feinen Rissen in deiner Herzhaut
und der Schockwelle, wenn etwas auf deiner
Seele einschlägt,
da sind sie zu Hause. Die Dunkelheiten.

Sie sind nicht binär.
0 oder 1.
Schwarz oder weiß.
Da oder weg.
Sie kommen graduell.
Die Gewitterwolke über dem Kopf, die am
nächsten Tag verschwunden ist.

Die weiche schwarze Seide der Melancholie, in
die man sich mal ein paar Tage wickeln kann.
Es gibt Dunkelheiten, durch die kannst du
wandern – von Lichtblicken geleitet, bis es
wieder Tag wird.
Und es gibt den Nullpunkt.
Die absolute Dunkelheit, in der du weder
die Hand noch das Heil vor Augen siehst.
In der du keine Leiter zum Heraufklettern findest.
Nur Verlassenheit.
Eli, Eli, lama asabtani?

In dieser Dunkelheit ist kein Platz für Gewissheit.
Kein Leuchten einer Hoffnungskerze.
Eli, Eli, lama asabtani?
Keine Kraft mehr für Ausrufezeichen.
Nur für ein Fragezeichen am Ende des Satzes.
Schafft es eine freundliche Hand, mich in
der Dunkelheit zu erreichen?
Eine Musik, ein Wort, ein heiliger Kelch,
ein Freund, eine Therapeutin, mein Gott?

Oder bleibt nur da zu sein und mich – um des
Fragezeichens willen – nicht aufzugeben?
Einen Tag.
Und noch einen Tag.
So viel Kar-Tage es eben sind.

Bis ein Stein zerbricht und das goldene Licht
der Morgendämmerung aus dem Grab in
deiner Brust wieder ein Herz macht.
Bis ein Oster-Tag ist.
Und eine raue Stimme ein leises Halleluja singt.

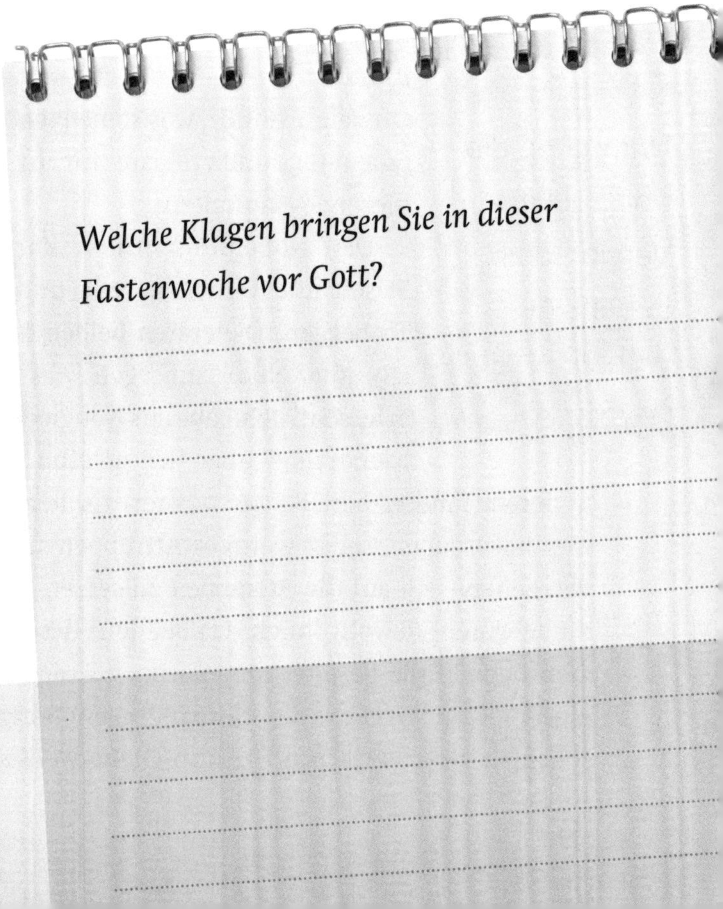

ZWISCHEN DEN ZEILEN

Titus Müller

Als wir in München lebten, wohnten wir im Gartenhaus eines Biologen-Ehepaars, Gabriele und Dr. Karl Daumer. Kann man sich einen schöneren Garten vorstellen als den von zwei Biologen? Es gab einen Teich mit Fröschen, Blüten überall und Bienenvölker. Karl Daumer war einer der Schüler von Nobelpreisträger Karl von Frisch und promovierte bei ihm über den Farbensinn der Bienen. Oft zeigte er mir, was seine Bienen gerade taten, und erklärte mir ihr faszinierendes Verhalten.

> „Wir waren die überzuckerte Version des Lebens gewöhnt."

Den Nobelpreis erhielt Karl von Frisch mit Konrad Lorenz und Niko Tinbergen. Die ersten beiden kannte ich. Aber Niko Tinbergen, was hat er erforscht? Ich habe aus Neugier einige Fachartikel über ihn gelesen. Unter anderem fand er heraus, dass Austernfischer große Eier bevorzugen, selbst wenn es Attrappen sind. Sie versuchen, sich auf die Attrappen zu setzen und sie zu bebrüten, obwohl ihnen das bei den Rieseneiern ziemliche Mühe bereitet, und vernachlässigen ihre eigenen Eier. Vögel wie der Halsbandregenpfeifer entscheiden sich wiederum für künstliche weiße Eier mit schwarzen Punkten, obwohl ihre eigenen hellbraun sind. Wie können Vögel ihre Brut links liegenlassen für eine übertriebene, künstliche Version der Wirklichkeit?

Niko Tinbergen untersuchte auch Schmetterlinge und fand heraus, dass männliche Samtfalter mit Paarungswunsch stärker auf übergroße schwarze Pappfiguren reagieren als auf die kleinen braunen Weibchen. Auch hier überstrahlte die künstliche Wirklichkeit mit ihrem starken Reiz die Realität.

Was hat das mit Verzagtheit zu tun? Viel. Für die Realität braucht man Mut.

Wahrscheinlich passiert mehr zufällig, als ich früher glaubte. Wie Regen prasselt Gut und Böse auf uns ein. Und Gott verhindert es nicht, er stößt uns nicht hierhin und dorthin, um unser Leben zu steuern, sondern ist behutsam mit uns, hält den Atem an wie ein Naturforscher, auf dessen Hand ein Schmetterling gelandet ist. Unsere zarten Flügel sind so zerbrechlich.

Ich kann dem Bösen im Leben nicht viel Sinn abgewinnen. Ich weiß nur: Es erschreckt uns dieser Tage besonders. Wir waren die überzuckerte Version des Lebens gewöhnt. Wir mochten intensive Snacks mit viel Fett, Zucker und Salz, wir mochten die künstliche Reizstimulation, wollten nicht warten müssen bei Filmen und Büchern und hörten gern laute Ansagen und catchy Werbeslogans.

Wir liebten gepunktete weiße Eier und Pappschmetterlinge.

Jetzt sprengen Krieg und Krankheiten den Panzer unserer Seelenhaut. Wir sind verletzlicher geworden.

Gott weiß das. Er erzählt behutsam zwischen den Zeilen. Darum bin ich für stillen Mut. Für Geduld und leises Beobachten, Hinhören.

Was, meinen Sie, ist der Sinn des Bösen in der Welt? Und was ist das, das Böse?

Durch die Nacht – konkret

Beate Hofmann

Kürzlich wurde ich gerufen, um ein Kind zu taufen. Eigentlich eine wunderschöne Aufgabe. Warum „eigentlich"? Dieses Kind war gerade mal dreißig Wochen alt, und es kam mit einem schweren Herzfehler auf die Welt. Eine Operation stand an, von der niemand sagen konnte, ob sie erfolgreich sein würde.

In so einem Moment ist die Taufe kein fröhliches Familienfest, sondern mehr eine Art Hilferuf, der Wunsch, diesem zarten Menschenkind allen Segen Gottes und alle Kraft unserer Liebe mitzugeben, ohne zu wissen, ob es jemals zu einem munteren Kleinkind heranwachsen wird. Wie umgehen mit der Hilflosigkeit der Eltern, der Sorge der Ärzte, der Betroffenheit der Pflegerinnen? Woher selbst die Kraft nehmen, in diese Situation hineinzugehen, ohne Angst vor der eigenen Unbeholfenheit, dem Leid und der Größe der Aufgabe?

Es war kein leichter Vormittag für mich. So etwas lässt niemanden unberührt. Es fühlt sich an, als wäre das Sonnenlicht des Tages auf einmal gedimmt. Die unbekümmerten Gespräche oder das Lachen der Passanten auf dem Weg zur Klinik wirkten eigenartig deplatziert. Ich habe mich gefragt, wie oft ich selbst wohl unwissend neben fremden Menschen saß oder stand, bei denen es mitten am Tag tiefste Nacht im Inneren war. Weil sie sich verlassen, ungetröstet, halt- und hilflos gefühlt haben. Wir sehen einander nicht unbedingt an, was im Inneren vorgeht und wie tief jemand in Trauer, Depression oder Kränkung verwoben ist.

> "Es war so etwas wie ein Licht inmitten der Nacht."

Als ich auf die Neonatologie, die Station mit den Neugeborenen kam, empfing mich eine Pflegerin, um Absprachen zu treffen. Sie hatte bereits einen kleinen Tisch auf Rädern vorbereitet, auf dem eine getöpferte Schale und ein Krug mit Wasser, aber auch Blumen und eine wunderschön gestaltete Taufkerze standen. Spätestens in diesem Moment war mir klar, dass diese Taufe so etwas wie ein Licht inmitten der Nacht sein würde.

Das Gespräch mit den Eltern am Bettchen des winzigen Kindes und die Taufe, sie werden mir noch lange in Erinnerung bleiben, denn es lag eine unerwartete Kraft und Liebe und purer Segen in diesem Ritual. Mir kam es vor, als wäre es ein Moment der Ewigkeit. Die Mutter und der Vater waren nicht allein. Sie wussten sich umgeben von fürsorglich-professionellen Pflegenden, von mir als Seelsorgerin und vor allem von dem Gefühl, dass sie inmitten ihrer Not angesehen und gesegnet sind. So jedenfalls haben sie es im Anschluss formuliert. Es war ein Sternenmoment inmitten dunkler Nacht für uns alle. Und diese Sternenmomente gilt es zu erinnern. Immer aufs Neue für jede und jeden von uns.

> „Die Aufgabe ist, hoffend Ausschau zu halten nach Sternen und Mond."

Mascha Kaléko, die Poetin, deren Leben so brüchig war, schrieb: „Die Nacht, in der das Fürchten wohnt, hat auch die Sterne und den Mond." Diese Worte habe ich mir zur Einführung in meine Aufgabe als Seelsorgerin gewünscht und sie mir selbst mit weißem Kreidestift groß auf die Fensterscheibe des Klinikseelsorge-Büros geschrieben. Ich möchte mich täglich erinnern, dass jede Nacht mehr als die pure Dunkelheit hat und dass es meine Aufgabe ist, dem Dunkel standzuhalten, dazubleiben inmitten der Nacht, aber auch hoffend Ausschau zu halten und Sterne oder Mond zu bemerken.

Das ist die eigentliche Herausforderung: In unseren Nächten des Lebens den Fragen nach dem Warum standzuhalten, die Not herauszuschreien oder das Schweigen zu achten und wahrzunehmen, dass es Schimmer von Licht inmitten der Nacht gibt.

Coaching-to-go-Tipps für Wege in der Nacht:

- Gehen Sie in einer der nächsten Nächte bewusst vor die Haustür. Suchen Sie mit den Augen nach Sternen am Himmel. Hören Sie auf die Geräusche der Nacht. Auch das ist Leben. Wer sich der Dunkelheit im Dunkeln stellt, wird erleben, dass sich die Augen auf das Dunkel einstellen und Konturen erkennbar werden. Die Nacht bleibt nicht tiefschwarz.
- Schreiben Sie einmal mehr einen für sie tröstlichen Text, ein Zitat, einen Bibelvers an ein Fenster, so dass sie abends, wenn es draußen dunkel wird, im Licht des Zimmers diese Worte sehr klar und bewusst sehen und aufnehmen können.
  „Die Nacht, in der das Fürchten wohnt, hat auch die Sterne und den Mond."

7 WOCHEN OHNE

In den Morgen / 7

Christus spricht: Ich lebe, und ihr sollt auch leben.

Johannes 14,19

Wie stellen Sie sich die Auferstehung und das ewige Leben vor?

In den Morgen

Ralf Meister

BIBLISCHE MINIATUR ZU JOHANNES 14,19

„Ich sehe was, was du nicht siehst, und das ist … rot." Als Kinder haben wir uns damit auf langen Autofahrten die Zeit vertrieben. Man sucht etwas, ohne sich schon durchs Hinsehen zu verraten. Der rote Punkt vom Heizungsregler? Die Schleife am Stoffhasen? Der Zeiger vom Tacho? Eine weiß, was gemeint ist, der andere nicht. Wir sehen dasselbe, aber verschieden.

Andreas Bourani stellt fest: „Mein Herz schlägt schneller als deins, sie schlagen nicht mehr wie eins." Die Liebe ist am Ende, wenn das, was gleich ausgesehen hat, jetzt verschieden ist. „Ich fühl' mich jung und du dich alt. Ich bin dafür, du dagegen. Wir gehn auf anderen Wegen."

So nennen einige das Unbekannte fremd, die anderen bereichernd. Die eine sieht ein ekliges Insekt, die andere ein Naturwunder. Einer nennt es eine unliebsame Störung, der andere eine Abwechslung. Auf alles schauen wir mit einem Vorverständnis. Wir sehen nie, wie etwas ‚an sich' ist, immer nur, wie es sich vor unserem eigenen Bewusstsein darstellt. Rationales Bewusstsein? Ängstliches Bewusstsein? Glaubensbewusstsein? Daran entscheidet sich, was und wie wir sehen.

> „Als die Welt ihn schon aus den Augen verloren hatte, sahen sie ihn."

Die Welt sah ihn nur eine kleine Zeit. Als er zeigte, dass man anders hinsehen kann, nannten sie ihn anmaßend dafür. Sang- und klanglos schien er unterzugehen. Nur einige lernten, mit neuem Bewusstsein hinzusehen. Er nannte sie „bestimmt für das Reich Gottes" und sagte, es sei schon hier. Sie erlebten in kleinen Ausschnitten, wie das Große und Ganze gemeint sei. Und wie es werden könne. Wenn einige sich als Ausgeschlossene sahen, lud er sie ein. Sie fanden zuerst seine neue Weltsicht. Mit anderen Augen sahen sie sich selbst und auch alles andere: die Not, die Verzweiflung, selbst den Tod.

Als die Welt ihn schon aus den Augen verloren hatte, sahen sie ihn; nicht im Grab, sondern davor.

Was ist dann der Tod? Was ist Angst und Bedrückung? Was ist Leere und Verlassenheit? Sie sahen ihn neu im Leben und über das Tödliche erhöht. Das wendete ihre Sicht endgültig. „Ihr sollt auch leben."

Sie hätten einander ansehen und sagen können: „Ich sehe was, was du nicht siehst, und das ist hell, das ist lebendig, das hat Zukunft." Und hätten zur Antwort gehört: „Das bist du selbst. Das gilt für alles. Wir sind nicht am Ende, sondern am Anfang."

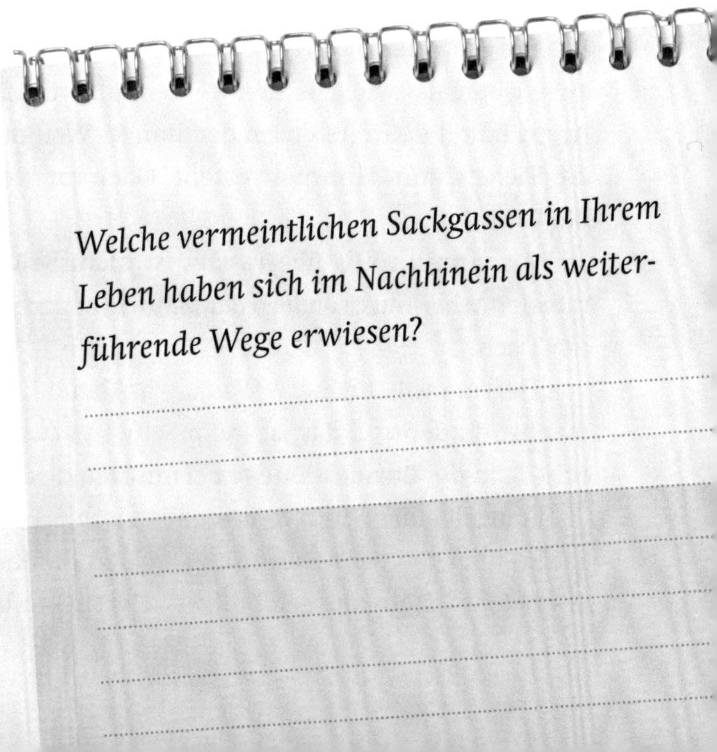

UND NACHHER HAPPY HOUR

Andreas Malessa

Nein, er geht da nie mit. Schon deshalb nicht, weil er bis sieben, halb acht im Büro zu tun hat. Und wenn nicht, dann will er beim Kindbettgang zu Hause sein. Heute, ausnahmsweise, geht er trotzdem. Wegen des Betriebsklimas. Mit zwei, drei Kollegen zum After-Work-Absacker, zur Happy Hour mit halben Getränkepreisen. „Gefundenes Fressen" heißt die hippe Tapas-Bar unweit der Firma, und als Jannik reinkommt, führt Herr Behrends gerade das große Wort, wer sonst.

„Die Leute haben Angst vor der Hölle, wollen lieber ewig leben als ewig gebraten werden, und mit dieser Angst hält die Kirche sie bei der Stange. Weil nur sie die Tickets zum Himmel verteilt. Oder verweigert. Blödsinn."

Was Jannik völlig überrascht, ist nicht Behrends rabiater Atheismus, sondern der Mann ihm gegenüber am Tisch.

„Herrmann! Du hier? Was … 'n Abend, … was machst du denn … das ist mein Schwiegervater, ja, echt … in der Businesslounge bei unserem Spanier?"

Er angelt einen Stuhl vom Nachbartisch, hängt das Sakko über die Lehne und setzt sich in die Runde. „Der Mojito ist um die Zeit billiger", Herrmann lacht, wendet sich aber sofort wieder seinem Gesprächspartner zu: „Jetzt denken Sie das Wort ‚ewig' mal nicht als Zeitbegriff für unendlich, sondern als Qualitätsprädikat für lebenswert. Und den ‚Himmel' nicht als Wolke siebzehn, sondern als einen Glückszustand, dann …"

Jannik muss sich beherrschen, nicht mit offenem Mund dazusitzen. Seit wann verteidigt Monis Vater den christlichen Glauben? Eine Kellnerin streckt von hinten ihren tätowierten Arm zwischen die Köpfe. „Wer bekommt den Tequila? Limette dazu? Und ein Pils, ein Korn für Sie."

> Denken Sie sich den Himmel mal nicht als Wolke siebzehn.

In vorfeministischen Zeiten hieß das „Herrengedeck", denkt Jannik noch, da redet Herrmann schon weiter. Über sein Alter, Mitte siebzig, und dass auch Herr Behrends nicht weiß, wie viel Zeit ihm noch bleibt und dass es doch ganz natürlich sei, auf ein Leben post mortem zu hoffen und dass in der Kirche an Ostern … Behrends unterbricht ihn: „Aber, 'tschuldigung, selbst wenn jemand an den Quatsch von der Auferstehung glaubt – bringt's demjenigen was? Hat man was davon?"

Jannik mischt sich bewusst nicht ein, denkt aber an das Beispiel von der Lokomotive, die man aus einem Tunnel herausfahren sieht, während alle Anhänger noch hineinmüssen. Hatte die Pfarrerin mal in Taminos Kindergottesdienst gesagt. Jesus ist auferstanden und wir sind angekoppelt.

„Hoffnung!“, sagt Herrmann nur, leert seinen Mojito und winkt Richtung Tresen. Als Behrends etwas hüftsteif aufsteht und pinkeln geht, ist Jannik mit seinem Schwiegervater endlich allein am Tisch. „Wieso bist du hier?!“

> “
> Behind that door, there’s peace, I’m sure.
> ”

„Ich hab’ auf Ebay Eric Claptons Unplugged-LP gesucht, Vinyl, von 1992. Behrends hatte sie“, Herrmann erhebt sich, „und schlug als Treffpunkt die Tapas-Bar hier vor. Hat ein großes Vordach, kann man sogar bei Regen draußen rauchen. Dass ihr Kollegen seid, hab’ ich erst vorhin erfahren.“

„Und wie kamt ihr dann … lass stecken, ich zahle … auf ewiges Leben und so?“ Jannik legt Geld auf den Tisch, zieht sein Jackett an. Herrmann grinst. „Der bekannteste Titel von dem Album ist ja wohl ‚Tears in Heaven‘, oder? So kamen wir drauf. ‚Behind that door, there’s peace, I’m sure‘, wollte ich ihm ruhig mal sagen dürfen.“

UNTER DEN BAUM EINE BANK

Ralf-Uwe Beck

Mir geht es nicht gut, sagst du,
am Kirschbaum verwelken die Blüten.
Du hörst die Tauben gurren, sie brüten,
ihr Nest haben sie, du weißt nicht wo.

Die Tauben schlüpfen mit der Zeit
und die Kirschen fallen rot ins leere Nest.
Du fragst, was hält, was hält mich fest?
Ich weiß es nicht, aber ich stelle dir
unter den Baum eine Bank.

ÜBERGANG

Johannes Goldenstein

Es war unmöglich zu schlafen in dem kleinen Raum. Ein Dämmerzustand tiefer Gleichgültigkeit, mehr ging nicht. Schlafen mit offenen Augen. Immerhin. Draußen lamentieren die Nachtschwärmer. Im Quartier sind die Übergänge fließend. Wirklich dunkel wird es hier nicht. Echte Finsternis, völlige Stille? Die gibt es nur auf dem Land. Und im Tod. Wo und wann beginnt der Tag?

Das Licht der Straßenlaterne mischt sich mit dem Licht des vollen Mondes, das selbstmitleidige Ostinato unten vor dem Fenster mit der bedrückten Stille im abgeschlossenen Zimmer. Keine Tränen mehr. Nur Starre. Ratlosigkeit. Dunkelste Momente. Ist noch Abend? Schon Nacht? Hat er doch geschlafen? Wie lange?

Er geht zum Fenster und stellt es auf Kipp. Schlagartig werden die Stimmen unten lauter. Irgendwann entfernen sie sich. Und verschwinden. Wie gut das wäre, sich jetzt im Schlaf verlieren zu können.

Aber was ist da? Zwischen den Betriebsgeräuschen der Nacht eine Stimme. Ganz anders. Zaghaft? Das täuscht. Die ersten Laute vielleicht. Aus dem Trillern und Zwitschern erhebt sich eine Melodie, wie geflötet. Energisch und abwechslungsreich. Aus voller Kehle.

Und noch eine kommt dazu. Wie ein Echo. Oder Frage und Antwort. Klare Töne. Wie ein Konzert.

Hörst du? Er hat begonnen. Mit Musik. Bevor das menschliche Auge die Dämmerung überhaupt wahrnehmen kann. Die Vögel. Ihr Gespür für die Helligkeit. Pioniere des Morgens mit ihrem Gesang. Das Frühlied der Amsel erweckt den Tag. Ton um Ton wird alles neu. Laut für Laut stimmt die Schöpfung mit ein. Hochtönig schnickernd ein Rotkehlchen. Ein Taubenpärchen mit seinem behäbigen „Duuu-kuh-dudu-kuh".

Und riechst du's? Wie mit den Tönen durchs offene Fenster das Leben kommt! Ein Geruch, den dein Hirn von klein auf kennt. Erdig, ein bisschen modrig, mit einer Spur Zimt und Zitrone, und Veilchen, Narzissen und Tulpen. Atem der Schöpfung. Frische. Morgenfeuchter Tau. Wenn die Sonne zum ersten Mal auf den Boden trifft und die Erde, das Moos, das Gras und die Blätter wärmt. Atme. Tief. Erkennst du's? So riecht das Leben.

„Atme. Tief. Erkennst du's? So riecht das Leben."

Du trittst ans Fenster, lauschst und schaust. Was ist da? Nichts, was du schon gesehen hättest. Und dennoch erkennst du die Gestalt wieder. Dein Herz schlägt schneller. Dein Blut strömt durch deinen Leib. Wie Wärme. Wie Freude. Du lachst.

TROTZDEM LEBEN: VON PSALMEN UND BLAULICHTGEBETEN

Siegfried Eckert

„Tausendmal berührt, tausendmal ist nichts passiert, tausend und eine Nacht, und es hat Zoom gemacht." Dieses Lied von Klaus Lage mag bekannt sein. Manchmal braucht es seine Zeit, bis über einem der Himmel aufgeht, der Blitz einschlägt, Altbekanntes das Herz neu berührt. Wie oft habe ich die Psalmen gelesen, sie in Gottesdiensten gebetet? In den hundertfünfzig Gebeten Israels kommt die ganze Bandbreite unseres Menschseins zur Sprache. Bewusst war mir das schon immer. Doch wie gelangt solch ein Wissen vom Kopf in den Resonanzraum des Herzens?

Bei mir machte es „Zoom", als das Leben unerwartet hart zuschlug. Jahrelange berufliche Konflikte hatten mich erschöpft. Unter der Last der Pandemie waren Freundschaften zerbrochen. Der plötzliche Tod meiner Mutter ließ zudem den Boden unter meinen Füßen fragiler werden. Das erzwang eine Auszeit. Ich war dann mal weg, zog mich für vierzig Tage hinter Klostermauern zurück; gut begleitet von erfahrenen Menschen mit einem ganzheitlichen Blick für Körper, Geist und Seele.

Schon am zweiten Tag ließ meine innere Stimme mich zu den Psalmen greifen. Uralte Worte wurden in mir quicklebendig. Ich fühlte mich in ihnen auf einmal so gut verstanden wie nie zuvor. Mit der Zeit spürte ich wieder festeren Boden unter den Füßen. Wer sich verstanden fühlt, steht zuversichtlicher in der Welt. Tag und Nacht habe ich ein Jahr lang alle Psalmen vom Damals in mein Heute übersetzt, versucht, meine Sprache für sie zu finden; eine Übung, die guttat und mir wieder die Kontrolle über mein Leben zurückgab.

Wer sich auf die Höhen und Tiefen der Psalmen einlässt, gerät in viele Wiederholungsschleifen. Wenige Lebenslagen kommen da variantenreich oft zur Sprache. Literarisch mag dies langweilig erscheinen. Für eine angeschlagene Seele hat es eine heilsame Funktion. Schmerzen, Kränkungen, Demütigungen, Niederlagen und Vertrauensmissbrauch sind angewiesen auf ein ständiges Durchkauen, ein Sich-von-der-Seele-Reden, ein Zeitnehmen, um Geschehenes, Schweres, langsam verdauen zu können.

Wenige Psalmen preisen die Sonnenseiten des Lebens, Gottes Schöpfung und sein Befreiungshandeln. Ansonsten dominieren die Schattenseiten, Passionszeiten, eine verzweifelte Sehnsucht nach einem Gott, der hilft, errettet, erhört, Rache übt, Recht verschafft, sich als gnädig erweist.

Diese Sehnsucht gründet in einem erstaunlichen Trotzdem. Trotz größter Not wird gehofft, vertraut, vergeben, gelobt, gedankt. Dazu passt es, dass manche Gewissheiten die Psalmen wie ein roter Faden durchziehen: das Bekenntnis zu dem Einen, zur Gerechtigkeit Gottes, zu seinen Geboten, zum Wandel auf seinen Wegen. Letztlich wird allein Gott und keinen Götzen das Vertrauen geschenkt. „Vertrauen" ist die zentrale Kategorie aller Psalmen, ihr innerer Herzschlag trotz allen Ringens und Klagens. Die meisten Psalmen sind einem schweren Herzen entsprungen: Blaulichtgebete also.

> „Die meisten Psalmen sind Blaulichtgebete."

Ich war Student, Mitte der Achtzigerjahre, als ich die Lyrikerin Hilde Domin kennenlernen durfte. Sie berichtete, dass ihre Gedichte wie Kinder meist unter Schmerzen geboren wurden. Meldeten sie sich in ihr zu Wort, beanspruchten sie stets Vorfahrt, wie ein Krankenwagen, der mit Blaulicht zur Entbindung rast. Innere Schmerzen wurden zur Hebamme ihrer Gedichte. Das spürt man ihnen ab. Mich berührt das Werk und die Lebensgeschichte dieser kleinen, quirligen, fröhlichen Frau mit ihrer weißen Haarkrone, ihren funkelnden und neugierigen Augen bis heute. Leider waren ihr keine Kinder vergönnt. Der Terror der Nazis, ihr Dasein als Flüchtling und im Exil, die ständige Angst, als Jüdin ergriffen zu werden, erlaubten ihr dies nicht. Am Telefon, wenige Wochen vor ihrem Tod, berichtete sie mir, sie habe immer eine Zyankali-Kapsel bei sich getragen, falls ihr Mann oder sie geschnappt worden wären: „Da konnte ich doch keine Kinder bekommen."

Ihre Gedichte – wie viele Psalmen aus schwerem Herzen geboren – wurden ihre Kinder. Ihr unglaublicher Lebenswille hat sie alt werden lassen und ein beeindruckendes Werk hinterlassen. In ihren Gedichten lässt sich ein unglaubliches Trotzdem herauslesen, ein tiefes Vertrauen in ein Leben, das leben will! Ihre Gedichte sind für mich Blaulichtgebete, atmen den Geist der Psalmen, den Überlebenswillen des Volkes Israel. Sie tragen das Morgenrot selbst in dunkelster Nacht in sich und die österliche Botschaft Jesu: „Ich lebe und ihr sollt auch leben."

MORITZ

Henning Kiene

Der Messenger leuchtet kurz auf. „Du musst kommen!“ Pause. Sein Atem stockt. Dann eine zweite Nachricht, ein Standort auf Google Maps. „Hier warten wir.“ Er liest ihren Namen. Er hatte sie vergessen wollen. Jetzt schlägt sein Herz wild im Hals. „Sofort“ blinkt auf. Monate hatte sie geschwiegen. Jetzt sind da drei Nachrichten.

Bilder tanzen vor seinen Augen. Es war an einem Sonnabend, er war im Club. Sie tanzten, sie für sich, er für sich. Sie tanzten gemeinsam. Sie lösten sich, dann waren sie ganz eng. Sie gingen, als die Morgensonne durch die alten Kastanien schimmerte. Nachmittags wachte er auf. Seine Augen tasteten ihre Wohnung ab. Ein Zimmer, ein Minibalkon, weiße Wände, zwei Fotos, Küchenzeile. Eine Blume auf dem Tisch. Die Bücher im Regal hätte er gerne bei ihr ausgeliehen. Max und Moritz, das alte Buch, lehnte aufgeschlagen im Regal.

Die Kaffeemühle war einfach zu bedienen. Sie lachte verlegen, er fand sie toll, ihre Augen spiegelten das „Toll“. Was sie mache? Sie sprach von ihrem Beruf. Es gehe um Projekte einer großen Stiftung. Er erzählte von seinem Betrieb. Tanzen, Fitness und manchmal Waschsalon sind seine Freizeit. Als er geht, legt sie beide Arme um seinen Hals. „Wir sehen uns!" Sie sahen sich.

Manchmal saßen sie im Café. Fast jede Woche waren sie im Club „feiern". Der Sonntag begann in ihrer Wohnung. Selten waren sie auch bei ihm in der WG. An einem Sonnabend meldete sie: „Neues Projekt, keine Zeit." Eine Woche später: „Bin unterwegs. Dienst." Dann verstummte sie. Keine Nachricht, kein Anruf, keine Reaktion. Beim Tanzen wurde sie nicht gesehen. Er fuhr bei ihr vorbei. Die Vorhänge waren zugezogen. Sein Kopf sagte irgendwann: „Du musst sie vergessen." Eine innere Stimme behauptete das Gegenteil. Er fürchtete den Sonnabend. Der Sonntag war schlimm. Weihnachten weinte er. Silvester tanzte er allein. Kaffee schmeckte fade. Er wusste jetzt, was Ghosting ist, das Wissen half auch nicht.

> "Hier warten wir. Du musst kommen. Sofort."

Er suchte eine neue Arbeit. Er fand eine andere Wohnung. Der neue Job forderte ihn. Er fand den Alltag wieder. Mit einer Kollegin ging er Kaffee trinken. Feiern? Ob er ihr gute Clubs zeigen könne. Nein, er gehe in keine Clubs. Sie sieht ihn kritisch an.

Er klickt auf den Link. Google zeigt ein Krankenhaus. Er nimmt sein Fahrrad. Kastanien verstreuen Blütenblätter. Sie hätten ersten Jahrestag feiern können. Er meldet sich an der Pforte. Coronatest. „Sie müssen zur 2B.“ Er läuft. „Geburten“ steht da und ein Klapperstorch. Er zögert, will umkehren. „Sie müssen sich umziehen“, sagt jemand. Mundschutz, Haare wegstecken, verkleiden, buntes Zeug. „Sie ist schon im Kreißsaal.“ Sein Kopf ist abgeschaltet. Ihr Hals ist rot gesprenkelt, die Haare kleben an der Stirn. Sie ist allein hier.

„Gut, dass Sie kommen“, sagt eine Stimme und gibt Anweisungen. Er sieht ihre Augen. Sie sieht zurück. „Frag nicht“, sagt sie. Dann geht alles schnell. Ein Monitor zeichnet Linien, hektische Herztöne. Dann sieht er das klebrige, schwarze Haar. Die Hebamme schiebt ihre Finger unter das Köpfchen. Nächste Wehe. Hals, Nabelschnur, Körper. Atmet es? Alles ist still. Dann ein leises, japsendes Husten, erster Atemzug. Die Haut färbt sich rosa. Niemand spricht.

„Habt Ihr einen Namen?“, flüstert die Hebamme. „Moritz“, sagt er, „wie Max.“ „Moritz“, sagt sie. „Moritz“, die Hebamme. Dann liegt das Kind auf ihrem Bauch. „Ich habe dir Nachrichten geschrieben, viele, und keine abgeschickt“, sagt sie. „Du hast ja nicht einmal eine Waschmaschine.“ Vorwurf. Pause. „Ich war mir sicher, du würdest kommen“, sagt sie leise.

In den Morgen – konkret

Beate Hofmann

Ins neue Jahr starten viele Menschen mit guten Vorsätzen, die sich oft nach recht kurzer Zeit in der Gewohnheit des Alltags wieder verlieren. Alles wie zuvor, und zurück bleibt ein leises Bedauern, ein Achselzucken, ein Gefühl des Nichtgenügens. Was wäre die Konsequenz? Keine Wünsche nach Veränderung? Alles beim Alten lassen, den Aufbruch verschieben?

Vielleicht ist Ostern nach sieben Wochen Fasten- und Besinnungszeit eine Art zweite Chance zum Aufbruch in ein neues Lebensgefühl. Theologisch gesehen ist es die große Einladung Jesu: Ich lebe, und ihr sollt auch leben.

Gut leben, erfüllt leben, gelingend leben – möchte ich hinzufügen. Es geht um das Ja zum Leben, um das pure Leben, dieses Unikat, was wir gestalten dürfen und manchmal auch müssen.

In den Ostermorgen gehen etliche Menschen ganz bewusst im Schweigen, und sie beginnen ihren Weg mitten in der Nacht. Ein schöner Brauch. Für mich macht er deutlich, dass wir das Dunkel erleben und uns aufmachen, dem Licht entgegen. Dass wir ihm entgegenlaufen können. Es gibt zahlreiche Männer und Frauen, von denen ich mich anrühren lassen will, genau das zu tun: immer wieder neu aufzubrechen in mein Leben.

Ulrich Schaffer, der deutsch-kanadische Autor und Fotograf, inzwischen achtzig Jahre alt, der nach dem Tod seiner Frau in einer seiner Lesungen diesen Satz ausspricht, der mich seither begleitet: „Ich nehme, was mir von mir bleibt, und mache ein Gebet daraus."

Oder Sam Bloom, die australische Krankenschwester und Mutter dreier Jungen, durch einen schlimmen Unfall seit bald zehn Jahren querschnittsgelähmt. Ihre berührende Begegnung mit einer jungen Elster, ihre Sorge und Nähe zu dem Vogeljungen holen sie aus der abgrundtiefen Bitterkeit und seelischen Dunkelheit zurück ins Licht. Sie findet ein neues Ja zum Leben. Mühsam und in winzigen Sequenzen ringt sie um ihre Beweglichkeit und um seelische Kraft. Unverdrossen trainiert sie ihren Körper, ihre Balance, ihren Lebensmut und wird schließlich Weltmeisterin im Parasurfen. Ihre Geschichte beflügelt seither Menschen auf der ganzen Welt. Ich liebe den Bildband „Penguin Bloom – Der kleine Vogel, der unsere Familie rettete", in dem ihre Geschichte erzählt wird.

„Ich nehme, was mir von mir bleibt, und mache ein Gebet daraus."

Mir kommt es so vor, als ob wir von den Menschen, die durch das Dunkel ins Licht gehen, am meisten lernen können. Ihre Erfahrungen sind eindrücklich und zugleich eine Art Zeugnis der Osterkraft, die sich in jedem und in jeder von uns entfalten will.

Ich lebe – und ihr sollt auch leben!

Daraus können Wunder werden, Zeichen von Lebenskraft an Orten und in Situationen, die wir voreilig als hoffnungslos, düster oder bitter kategorisieren. Eines meiner liebsten Gedichte, mit denen ich an Krankenbetten, aber auch im Coaching oder Seminar viel Leuchtkraft ermögliche, stammt von der amerikanischen Psychologin und ehemals krebskranken Dawna Markova. Es trägt den Titel „Vorsatz Leben“, und ich fand es auf einer Einladung zum Gottesdienst in der Unfallklinik abgedruckt.

Mit diesem Text wünsche ich uns allen ein Leben in Fülle, denn uns ist gesagt: Ihr sollt leben! Leben!!

VORSATZ LEBEN

Dawna Markova

Ich werde kein ungelebtes Leben sterben.
Ich werde nicht in Angst leben
vorm Fallen oder Feuer fangen.

Ich wähle meine Tage zu bewohnen.
Mein Leben darf mich öffnen,
um mich weniger ängstlich sein zu lassen,
zugänglicher für meine Mitmenschen.
Ich lockere den Griff um mein Herz
bis es ein Flügel wird,
eine Fackel oder ein Versprechen.

Ich wähle meine Wichtigkeit zu riskieren,
und so zu leben, dass das, was zu mir als Same kommt
als Blüte zum Nächsten geht,
und das, was zu mir als Blüte kommt,
weitergeht als eine Frucht.

Autorinnen und Autoren

Hans Jürgen Abromeit, *Dr., bis 2019 Bischof der Evangelisch-Lutherischen Kirche in Norddeutschland.*

Petra Bahr, *Regionalbischöfin für den Sprengel Hannover der Evangelisch-lutherischen Landeskirche Hannovers und Mitglied im Deutschen Ethikrat.*

Christian Behr, *Superintendent in Dresden-Mitte.*

Ralf-Uwe Beck, *Theologe, Bürgerrechtler und Autor, leitet die Presse- und Öffentlichkeitsarbeit der Evangelischen Kirche in Mitteldeutschland (EKM).*

Christiane Birgden, *Gemeindepfarrerin in Hürth.*

Susanne Breit-Keßler, *bis 2019 Regionalbischöfin, ständige Vertreterin des Landesbischofs und Oberkirchenrätin im Kirchenkreis München und Oberbayern; bis 2022 Kuratoriumsvorsitzende von „7 Wochen Ohne".*

Christina Brudereck, *Theologin und Künstlerin (www.christinabrudereck.de).*

Johann Hinrich Claussen, *Dr., Beauftragter vom Rat der EKD für Kultur und Leiter des Kulturbüros der EKD in Berlin.*

Siegfried Eckert, *Gemeindepfarrer in Leverkusen und Buchautor.*

Christian Engels, *Pfarrer und Leiter des evangelischen Zentrums für entwicklungsbezogene Filmarbeit (EZEF) und der Filmkulturellen Arbeit der EKD sowie Senderbeauftragter für Pro7 und Sat.1.*

Kirsten Fehrs, *Bischöfin im Sprengel Hamburg und Lübeck der Evangelisch-Lutherischen Kirche in Norddeutschland.*

Bernhard Felmberg, *Dr., Militärbischof, verantwortet die Evangelische Seelsorge in der Bundeswehr.*

Johannes Goldenstein, *Dr. theol., Referent für Gottesdienst und Liturgie im Amtsbereich der VELKD im Kirchenamt der EKD und Geschäftsführer der Liturgischen Konferenz in der EKD.*

Miriam Hackländer, *Studentin der Evangelischen Theologie und Instagrammerin (@zwischen_himmel_und_hoelle).*

Steve Kennedy Henkel, *Pfarrer in München, Autor und Instagrammer (@rev.stev); ist in der Evangelisch-Lutherischen Kirche in Bayern für Nachwuchsgewinnung zuständig.*

Beate Hofmann, *Autorin, Klinikseelsorgerin, Coach und Kursleiterin im TEAM BENEDIKT (www.beatehofmann.de).*

Eva Jung, *Kommunikationsdesignerin und Autorin (www.gobasil.com).*

Volker Jung, *Dr., Kirchenpräsident der Evangelischen Kirche in Hessen und Nassau (EKHN).*

Henning Kiene, *Pastor in Ahlbeck und Zirchow auf Usedom und Mitglied im Kuratorium von „7 Wochen Ohne".*

Thorsten Latzel, *Dr., Präses der Evangelischen Kirche im Rheinland (EKiR).*

Matthias Lemme, *Pastor in Hamburg-Ottensen und Autor.*

Christine Lungershausen, *Dr., Gemeindepfarrerin in Eschborn.*

Andreas Malessa, *Hörfunkjournalist, evangelisch-freikirchlicher Theologe, Autor von Sachbüchern, Biografien und Satiren, Referent und Moderator (www.andreas-malessa.de).*

Ralf Meister, *Landesbischof der Evangelisch-lutherischen Landeskirche Hannovers, leitender Bischof der VELKD und Abt des Klosters Loccum; Botschafter der Fastenaktion „7 Wochen Ohne".*

Titus Müller, *Autor erzählender Sachbücher und v.a. historischer Romane.*

Tobias Petzoldt, *Diakon, Geschäftsführer des Verbandes Evangelischer Diakonen-, Diakoninnen- und Diakonatsgemeinschaften in Deutschland (VEDD) sowie Kabarettist (www.zwischenfall.net).*

Andrea Schneider, *Pastorin i. R., bis 2020 Rundfunkbeauftragte der Evangelischen Freikirchen.*

Petra Schulze, *Landespfarrerin, Evangelische Rundfunkbeauftragte beim WDR, Leiterin des Evangelischen Rundfunkreferates NRW und Autorin.*

Ramón Seliger, *Rektor und Geschäftsführer der Diakoniestiftung Weimar Bad Lobenstein gGmbH und der verbundenen Gesellschaften und Stiftungen.*